통합 교과 맞춤형 과학 동화
서바이벌 융합 과학 원정대 ❷ 모험의 시작

초판 1쇄 발행일 2014년 4월 23일
초판 2쇄 발행일 2022년 11월 10일

기획·편집 과수원길 글 황문숙 그림 안예리 감수 류진숙

발행인 윤호권 사업총괄 정유한
발행처 (주)시공사 주소 서울시 성동구 상원1길 22, 6-8층 (우편번호 04779)
대표전화 02-3486-6877 팩스(주문) 02-585-1247
홈페이지 www.sigongsa.com / www.sigongjunior.com

ⓒ과수원길·안예리, 2014

이 책의 출판권은 (주)시공사에 있습니다.
저작권법에 의해 한국 내에서 보호받는 저작물이므로 무단 전재와 무단 복제를 금합니다.

ISBN 978-89-527-8024-9 73400
ISBN 978-89-527-8022-5(세트)

*시공사는 시공간을 넘는 무한한 콘텐츠 세상을 만듭니다.
*시공사는 더 나은 내일을 함께 만들 여러분의 소중한 의견을 기다립니다.
*잘못 만들어진 책은 구입하신 곳에서 바꾸어 드립니다.

KC 마크는 이 제품이 공통안전기준에 적합하였음을 의미합니다.
제조국 : 대한민국 사용 연령 : 8세 이상
책장에 손이 베이지 않게, 모서리에 다치지 않게 주의하세요.

통합 교과 맞춤형 과학 동화

서바이벌 융합 과학 원정대

❷ 모험의 시작

기획 과수원길 글 황문숙 그림 안예리 감수 류진숙

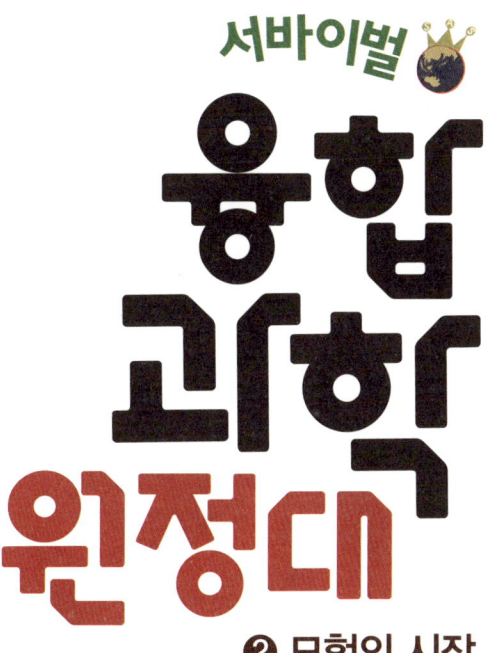

시공주니어

작가의 말

  2011년에 세계 50개국을 대상으로 한 조사에서 우리나라 학생들의 과학 과목에 대한 자신감은 50위, 즐거움은 47위였어요. 왜 이런 일이 일어났을까요? 교과서에서 배우는 과학 지식이 우리 생활과 연결되어 있다는 생각을 못해 과학에 흥미를 느끼지 못하기 때문이에요.

  이런 문제를 개선하려고 '융합 인재 교육(STEAM)'이 시작되었어요. STEAM은 Science, Technology, Engineering, Art, & Mathematics의 약자로, 과학, 기술, 공학, 예술, 수학 교과 사이의 통합적인 교육을 강조하는 거예요. 우리 생활과 관련 있는 주제에 스스로 관심을 갖고, 과학과 여러 과목의 지식을 융합하여 문제를 해결하는 능력을 키우는 교육이지요. 이 책은 이러한 융합 인재 교육에 딱 맞추어 여러분의 과학 공부를 도와주고자 많은 고민 끝에 탄생했어요. 여러분 또래의 주인공들이 펼치는 놀라운 모험을 함께하며, 과학과 예술, 사회 과목의 지식이 한데 어우러져 미션을 해결하는 멋진 경험을 통해 과학에 대한 즐거움과 자신감을 찾는 '감동 학습'을 담고 있답니다.

　우리의 주인공 온누리, 감성빈, 천재인이 드디어 SAS 서바이벌 킹 대회의 온라인 예선을 통과했어요. 그리고 마침내 본선 대회가 열리는 날! 세 아이는 하나로 똘똘 뭉쳤지요. '불사조'라는 팀 이름도 생기고, '엄친아' 팀이라는 라이벌도 나타났거든요. 세 아이는 살짝 두렵기도 했지만, 함께라서 무섭지 않았답니다.

　세 아이는 미션을 함께 해결하며 많은 것을 배워 나갔어요. 늘 티격태격하던 천재인과 감성빈은 과학과 예술에 공통점이 많다는 것을 깨닫게 되었고, 사회 분야에 모르는 것이 없는 온누리 덕에 천재인과 감성빈이 어려워하던 미션도 척척 해결해 나갈 수 있었죠. 어느새 서로의 지식을 존중하게 된 온누리, 천재인, 감성빈! 세 아이는 얄미운 엄친아 팀의 코를 납작하게 만들고 본선 대회에서 좋은 성적을 올릴 수 있을까요? 흥미진진한 불사조 팀의 도전에 우리도 함께해요!

이야기꾼 황문숙

작가의 말 4

제1장 드디어 시작된 SAS 서바이벌 킹 대회 – 본선 미션 첫 번째 8

    핵심 콕콕 사회   선거와 투표 38
    핵심 콕콕 과학   빛의 통과와 반사 40

제2장 무니꽝다쳐스 성으로 들어가라 – 본선 미션 두 번째 42

    핵심 콕콕 체육   씨름 70
    핵심 콕콕 과학   무게 중심 72

제3장 방들의 비밀을 풀어라 – 본선 미션 세 번째 74

　핵심 콕콕 사회　우리나라와 세계의 명절 100
　핵심 콕콕 과학　달의 모양 변화 102

제4장 지하 감옥을 탈출해라 – 본선 미션 네 번째 104

　핵심 콕콕 미술　움직이는 장난감 만들기 132
　핵심 콕콕 과학　전자석 134

찾아보기 136

제1장
드디어 시작된 SAS 서바이벌 킹 대회

본선 미션 첫 번째

우리, 잘할 수 있을까?

"레오나르도 다빈치는 이름이 너무 길어. 아인슈타인이 딱 좋아."

"싫어! 난 아인슈타인의 머리 모양이 너무 끔찍하단 말이야. 그 부스스한 머리를 보면 꼭 천재인 너 같아."

감성빈의 말에 차분하던 천재인이 버럭 목소리를 높였다.

"헐, 말이 되는 소리를 해야 들어 주지! 여기서 머리 모양 이야기는 왜 하는데?"

오늘은 'SAS 서바이벌 킹 대회' 본선 날. 아침 일찍 대회장 앞에 모인 세 아이는 의기투합을 해도 아쉬울 시간에 티격태격 다투고 있었다. 팀 이름을 정해야 한다는 대회 안내문을 오늘 아침에야 확인한 탓이었다. 세 아이는 부랴부랴 머리를 맞대며 아이디어를 나누기 시작했다. 하지만 서로 고집을 꺾지 않는 통에 어느새 분위기는 험악해져 있었다.

"그럼 '빌리'로 하자. 내가 이 대회에 참가하게 된 계기가 1등을 하면 빌 게이츠를 만날 기회를 준다고 해서였잖아. 그러니까 '우승해서 빌 게이츠를 만나자!'라는 의미로……."

"온누리, 그건 촌스럽다니까."

"그래, 좀 이상해."

서로 으르렁거리던 감성빈과 천재인이 사이좋게 자신의 의견을 무시하자, 온누리도 버럭 화를 냈다.

"아인슈타인이나 레오나르도 다빈치도 촌스럽고 이상하거든?"

그때, 낮익은 목소리가 들려왔다.

"못난이들 어때? 세 못난이들. 딱이네."

세 아이가 뒤를 돌아보니, 천재주가 다른 여자아이들과 함께 있었다. 천재주는 샐쭉한 표정으로 세 아이를 노려보고 있었다. 천재인이 화들짝 놀라며 물었다.

"천재주! 네가 왜 여기에 있어?"

"다들 지금 뭐 하는 거야? 대회 시작이 바로 코앞인데 싸우기나 하고. 다른 사람들이 다 쳐다보는데, 아우, 정말 창피해서……."

그러자 옆에 있던 여자아이들이 어정쩡한 몸짓으로 인사를 했다.

"안녕하세요? 저는 서현이고, 애는 윤정이예요. 재주랑 언니 오빠들 응원하러 왔어요."

"재주가 언니 오빠들이 꼭 1등 할 거라고 자랑했거든요."

"내가 언제? 이렇게 싸우는 걸 보니 1등은커녕 대회 참가도 못 하겠다. 그러면서 나한테는 도움이 안 된다고나 하고, 쳇!"

"어라? 천재주 너, 우리 응원 온 거야?"

천재인의 말에 감성빈과 온누리도 감동한 얼굴이 되었다. 사실, 온라인 예선을 통과한 날에 천재주는 세 아이가 신 나서 떠드는 소리를 듣고 자기도 끼겠다며 성화를 부렸다. 대회 규정상 안 된다고 설득했지만 소용없었다. 소 힘줄보다 더 끈질기게 떼쓰는 천재주 때문에 머리가 지끈거린 천재인이 참다못해 "넌 너무 어려서 도움이 안 돼!"라고 소리치고 말았다. 그때 단단히 삐친 천재주는 어제까지 세 아이와 단 한마디도 하지 않았다. 그랬던 천재주가 응원을 온 것이었다.

"흠……. 재주가 친구들까지 데려왔는데, 우리가 이러면 안 되겠지?"

감성빈의 말에 천재인이 고개를 끄덕였다. 잠시 뒤, 온누리가 속삭였다.

"우리, 재주한테 팀 이름을 지어 달라고 하면 어떨까?"

"괜찮은 생각인데?"

계속 마음 한구석이 불편했던 천재인이 얼른 다가가 말했다.

"재주야! 우리 팀 이름, 네가 지어 줘."

천재주는 언제 삐쳤었느냐는 듯 금세 밝은 표정을 지었다.

"정말? 내가 정해도 돼?"

"그래, 하지만 아까처럼 세 못난이들 같은 건 안 돼. 멋있는 이름을 지어 줘."

"히히히. 사실 내가 생각해 둔 멋진 이름이 있었는데……."

천재인, 감성빈, 온누리뿐만 아니라 천재주의 친구들도 귀를 쫑긋 세웠다. 그러자 천재주는 장난스러운 표정으로 잠시 뜸을 들이다가 한마디를 툭 던졌다.

"그게 뭐냐면……. 불사조!"

"불사조? 그리스와 이집트 신화에 나오는 새 말이야?"

감성빈이 아는 체를 하자, 천재주가 신 나서 말을 이었다.

"맞아! 불사조는 날개가 반짝이는 황금빛과 자줏빛인 멋진 새야. 죽을 때가 되면 스스로를 불로 태우고 그 잿더미에서 다시 살아난대. 음, 그러니까……. 불사조처럼 대회에서 끝까지 살아남으라는 뜻이야."

천재주의 설명을 듣고 모두 고개를 끄덕였다.

"괜찮은데? 아주 마음에 들어."

"좋아! 지금부터 우리 팀은 불사조 팀이다. 팀 이름도 정해졌으니까 다 같이 파이팅 할까?"

천재인의 말에 감성빈이 맞장구치며 손을 내밀자, 온누리와 천재인도 그 위에 손을 올렸다. 그리고 동시에 천재주를 쳐다보았다.

"천재주, 뭐 해? 너도 같이 파이팅 해야지."

천재인의 말에 천재주는 정말 기쁜지 폴짝폴짝 뛰며 자신의 손을 포개고는 큰 소리로 말했다.

"자, 언니랑 오빠들, 더는 싸우지 말고 힘을 합쳐 꼭 1등 해야 해!"

"당연하지. 불사조, 불사조, 파이팅!"

팀 이름을 정하고 파이팅까지 외치자, 그때야 여유가 생긴 아이들은 주변을 둘러보기 시작했다. 대회가 열릴 경기장 앞에는 다양한 국적의 참가 팀들이 모여 있었다. 미국 팀 '히어로(영웅)', 중국 팀 '하오팡(매우 좋다)', 여자아이 세 명이 참가한 일본 팀 '모모짱(복숭아)', 독일 팀 '블리츠(번개)', 멕시코 팀 '헤니오스(천재들)', 러시아 팀 '바실리', 프랑스 팀 '나폴레옹', 아프리카 팀 '마사이'. 모두 자신만만한 얼굴로 가족, 친구들과 이야기를 나누고 있었다. 그런데 중국 팀과 독일 팀을 본 천재인이 살짝 긴장하는 것 아닌가?

"쟤들, 세계 과학 경시 대회에서 본 적 있어. 여기도 참가했구나."

"그래? 잘하는 애들이야?"

"음……. 1등은 못 했지만 상위권이었어. 만만한 상대는 아니지."

온누리의 물음에 천재인이 진지하게 대답하던 그때, 한국인으로 보이는 아이가 세 아이의 눈길을 사로잡았다. 그 아이는 알이 엄청 두꺼운 안경에 완벽한 올백 머리를 하고 있었다. 특히, 머릿기름을 발라 빗어 넘긴 머리는 어찌나 반짝거리는지 꼭 헬멧을 쓴 것 같았다. 그 모습에 감성빈과 온누리는 웃음을 참느라 콧구멍이 벌렁벌렁했다. 그런데 그 아이가 기분 나쁜 미소를 지으며 아이들 쪽으로 다가오는 것 아닌가!

"천재인! 오랜만이다."

"왕공부구나. 너도 여기 참가했어?"

천재인이 시큰둥하게 인사했다. 그러자 왕공부는 거만한 표정으로 깐족거렸다.

"네 코를 납작하게 해 주려고 가을에 있을 과학 경시 대회를 완벽하게 준비했는데 말이야, 네가 그 대회에 안 나온다니 섭섭하더라고. 나한테 질까 봐 비겁하게 다른 대회를 나가다니. 그래서 이 몸이 직접, 없는 시간 쪼개서 참가했지."

천재인은 어이없는 듯 피식 웃음을 터뜨렸다.

"풋! 내가 너 때문에 과학 경시 대회에 안 나간다고?"

"나한테 질까 봐 학교 성적에 아무 도움이 안 되는 이런 시시한 대회에 참가한다는 핑계를 댄 거잖아. 안 그래, 천재인?"

계속 깐족대는 왕공부 때문에 옆에 있던 아이들까지 속이 부글부글 끓었다. 결국, 천재주가 참지 못하고 쏘아붙였다.

"웃기시네! 과학 경시 대회에서 매번 1등을 한 사람은 우리 오빠라고. 왕공부 오빠는 만날 2등이면서. 이 대회에서도 1등은 우리 오빠 팀, 불사조야. 두고 봐!"

"만날 2등? 이 쪼그만 게……."

왕공부의 얼굴이 붉으락푸르락해졌다. 하지만 곧 표정을 가다듬고는 거만하게 뒤에 있는 두 아이를 가리켰다. 모두 왕공부처럼 두꺼운 안경에 헬멧 같은 머리를 한 아이들이었다.

"꼬마야, 저기 있는 애들 보이지? 둘 다 대치동 학원가에서 알아주는

'공부의 신'들이야. 이미 고등학교 교과 과정까지 마스터한 아이들이라고. 쟤들이랑 내가 한 팀이야, 한 팀. 무슨 뜻인지 알겠어?"

왕공부는 온누리와 감성빈을 아래위로 훑어보며 피식 웃었다.

"놀기 좋아하고 먹을 거나 밝히는 이런 애들이랑 상대가 안 된다, 이 말씀이야. 그러니까 우리 '엄친아' 팀에게 괜한 망신 당하기 전에 포기하는 게 좋을걸?"

그 순간, 내내 차분하게 있던 천재인이 결국 폭발하고 말았다.

"야, 왕공부! 너 말 다 했어? 네가 뭔데 내 친구들을 무시해? 시험에 나올 문제만 줄줄 외워서 만점 받는 공붓벌레들보다 훨씬 똑똑한 애들이야. 그리고 팀 이름이 뭐? 엄친아? 그런 유치한 이름이나 지은 주제에 우릴 무시하는 거야?"

"뭐? 유치해? 그리고 우리더러 공붓벌레라고?"

천재인과 왕공부는 몸싸움이라도 벌일 태세였다. 그때였다.

"SAS 서바이벌 킹 대회 참가자들은 A1 출입문으로 입장하시기 바랍니다. 다시 한 번 말씀드립니다. SAS 서바이벌 킹 대회 참가자들은 A1 출입문으로 입장하십시오. 참가자들과 함께 온 부모님과 친구들은 경기장 2층에 있는 회의실에서 대회를 보실 수 있으니, 회의실로 이동해 주시기 바랍니다."

대회장에서 안내가 흘러나왔다. 천재인과 왕공부는 서로를 무섭게 노려보며 각자의 팀으로 돌아갔다. 천재주는 주먹을 불끈 쥐며 천재인에게 소리쳤다.

"오빠, 왕공부한테 절대 지면 안 돼. 알았지? 불사조 팀 잘해야 해. 파이팅!"

천재인, 온누리, 감성빈은 A1 출입문 쪽으로 걸어갔다. 참가자들은 안면 인식 장치로 신원을 확인한 후에야 출입문을 통과할 수 있었다. 그런데 대회장 안으로 들어간 10팀, 30명의 아이들은 더는 움직일 수 없었다. 출입문 안쪽이 한 치 앞도 보이지 않을 만큼 어두웠기 때문이었다. 당황한 아이들은 웅성거리기 시작했다.

그때, 발밑에서 노란색 조명이 하나둘 켜지며 길이 생겼다. 참가자들이 서 있는 곳에서 시작된 10개의 노란색 길은 살아 있는 생명체처럼 어둠을 뚫고 앞으로 뻗어 나갔다. 그와 동시에 앞에 설치된 엄청나게 큰 화면에 'SAS 서바이벌 킹 대회' 로고가 둥실 떠올랐다.

"우아, 멋지다!"

30명의 아이들은 한목소리로 감탄하며 설레는 얼굴로 노란색 길을 따라 걸어갔다. 화면 앞에 도착하자, 바닥에서 기둥이 솟아올랐다. 기둥 위에는 통역기가 놓여 있었다. 아이들이 통역기를 귀에 꽂자, 화면에 컴퓨터 그래픽으로 만든 사회자가 나타났다.

"SAS 서바이벌 킹 대회에 참가한 여러분, 반갑습니다. 여러분은 지금부터 신기하고 놀라운 가상 현실로 들어가 총 열다섯 개의 미션을 수행하게 될 것입니다. 우리는 여러분이 미션을 해결하는 모습을 관찰하며 세 가지 기준에 따라 심사할 것입니다. '첫째, 얼마나 빠르게 미션을 해결했는가? 둘째, 올바른 방법으로 미션을 해결했는가? 셋째, 미션을 해결할 때 팀원들이 잘 협동했는가?'입니다."

사회자는 정해진 시간 안에 미션을 해결하지 못한 팀은 바로 탈락되며, 미션이 끝날 때마다 각 팀의 순위를 알려 준다고 덧붙였다.

"마지막 열다섯 번째 미션까지 성공적으로 수행한 팀 중 종합 점수가 가장 높은 팀이 SAS 서바이벌 킹이 될 것입니다. 참가자 모두에게 행운이 함께하길 기원합니다."

설명이 끝나자 사회자는 사라지고, 화면에는 다시 대회 로고가 나타났다. 그리고 바닥에 커다랗고 동그란 조명이 하나씩 켜지기 시작했다. 마지막 열 번째 조명이 켜지자, 각각의 조명이 켜진 바닥에서 커다란 기둥이 솟아올랐다. 그것은 강화 유리로 만든 원통형 캡슐이었다.

"완전 최첨단이네."

천재인이 저도 모르게 중얼거렸다. 다른 아이들도 SF 영화 속에서나 보던 광경이 눈앞에 펼쳐지자 입을 다물지 못했다. 마치 안으로 들어오라는 듯, 캡슐 문이 스르륵 열렸다.

"저기로 들어가라는 뜻인가 봐."

천재인이 호기심 가득한 얼굴로 캡슐에 다가가자, 온누리와 감성빈도 얼른 쫓아갔다. 캡슐 안에는 헬멧과 장갑, 몸을 받칠 수 있는 지지대가 각각 세 개씩 있었다.

"이게 다 뭐야?"

온누리가 묻자, 천재인이 들뜬 목소리로 설명했다.

"아까 사회자가 가상 현실에서 미션을 수행할 거라고 했잖아. 그러니

까 이 헬멧과 장갑은 우리가 가상 현실에서 일어나는 일을 시각, 청각, 후각, 촉각으로 느낄 수 있게 도와주는 장치일 거야. 전에 가상 현실 체험을 해 보긴 했는데, 이렇게 정교한 장치는 나도 처음 봐."

천재인은 마냥 신기해하며 장갑을 꼈다. 그리고 지지대에 몸을 끼웠다. 그러자 공중에 떠 있던 헬멧이 천재인의 머리 위로 내려왔다.

"우아, 신기하다! 온누리, 감성빈, 너희도 빨리 써 봐. 얼른!"

천재인의 말에 서로 눈치를 보던 온누리와 감성빈도 지지대에 몸을 끼웠다. 그러자 머리 위로 헬멧이 씌워지며, 두 눈을 가린 유리 때문에 눈앞이 캄캄해졌다. 온누리는 공포가 밀려왔다.

"아, 아무것도 안 보여. 무서워."

"온누리, 겁낼 것 없어. 내 손 잡아."

"온누리, 나도 여기 있어."

천재인과 감성빈의 말이 들린 순간, 온누리의 공포심은 모두 사라졌다. 손을 잡아 준 두 아이 덕분이기도 했지만, 어둠이 사라지고 놀라운 광경이 눈앞에 펼쳐졌기 때문이었다. 뜨거운 공기와 눈부신 햇살, 발밑에 밟히는 이 느낌은……. 분명 사막이었다. 끝없이 펼쳐진 사막 한가운데에 천재인, 감성빈, 온누리가 손을 잡고 서 있었다.

"진짜 모래 같아. 만져 봐, 천재인, 온누리!"

감성빈이 모래를 발로 밟고 손으로 만지며 신기해했다. 천재인과 온누리도 모래를 만져 보니, 손에 느껴지는 감각이 진짜와 똑같았다.

"이런 게 가상 현실이구나. 정말 신기하다."

조금 전까지 잔뜩 겁을 먹었던 온누리는 물 만난 고기처럼 폴짝폴짝 뛰어다녔다. 그때, 세 아이의 눈앞에 사회자가 나타났다. 사회자는 공중에 떠 있었는데, 마치 투명한 텔레비전이 눈앞에 있는 것 같았다.

"여러분은 지금 가상 현실에 있습니다. 이곳에서는 현실에서처럼 모든 것을 느끼고 행동할 수 있습니다. 그러나 몸에 상처를 입거나 목숨이 위험한 일은 실제로 일어나지 않으니 두려워할 필요는 없습니다. 이제, 첫 번째 미션을 시작하겠습니다."

그리고 엄청난 일이 벌어졌다. 세 아이의 발밑에서 길이 뻗어 나가더니, 순식간에 사막의 모래 아래에서 크고 작은 건물이 여기저기 치솟기 시작한 것이었다.
"어어어어, 여긴 또 어디람?"
너무나 빠르게 바뀐 주변 풍경에 세 아이는 정신을 차리지 못했다. 하지만 시간이 흐르자, 도시의 광장에 서 있음을 깨달았다. 광장의 바닥에는 오래된 돌이 깔려 있었고, 가운데에는 분수가 있었다. 감성빈이 두리번거리며 말했다.

"부모님이랑 이탈리아에 간 적이 있었어. 그곳에서 본 작은 도시랑 비슷한데?"

온누리도 주위를 둘러보며 영화에서 본 중세 유럽의 도시 같다고 생각하던 차였다.

"나도 비슷한 생각을 했어. 그런데 왜 사람이 한 명도 보이지 않지?"

그때, 세 아이 옆에서 갑자기 무언가 짠 나타났다.

"엄마야!"

너무 놀란 감성빈은 펄쩍 뛰어 온누리에게 찰싹 달라붙었다. 그런데 감성빈을 놀라게 한 것은 어이없게도 한 어린아이였다. 그 아이는 세 아이에게 무언가를 내밀었다. 그것은 흰 봉투였다.

"이걸 세 사람에게 전해 주래."

온누리는 엉겁결에 봉투를 받아 열려고 했다. 그러자 아이가 온누리의 손을 덥석 잡으며 말했다.

"열면 안 돼!"

"뭐라고?"

"봉투를 열면 절대 안 된다고 했어. 봉투를 열지 말고, 그 안의 편지에 씌어 있는 곳으로 찾아가래."

아이는 수수께끼 같은 말을 하고 쪼르르 뛰어갔다.

봉투 안의 편지를 읽어라!

"무슨 난센스 퀴즈도 아니고……."

감성빈은 흰 봉투를 노려보며 투덜거렸다.

"어떻게 봉투를 열지 않고 안에 있는 편지를 읽으라는 거야? 우리가 무슨 초능력자인 줄 아나? 어? 아니다. 가상 현실이니까 혹시 초능력을 쓸 수 있는 게 아닐까?"

감성빈은 눈을 감더니 흰 봉투를 이마에 가져갔다. 그러고는 정말 봉투 안의 편지를 읽으려는 듯 끙끙 힘을 주었다. 그 모습에 천재인과 온누리는 웃음을 터뜨렸다.

"어디서 본 건 있어 가지고……. 이리 줘 봐."

온누리는 감성빈에게서 봉투를 뺏어 이리저리 살펴보았다. 그러더니 봉투를 살짝 벌리려고 하는 것이 아닌가? 감성빈과 천재인이 거의 동시에 소리쳤다.

"온누리, 뭐 하는 거야!"

"그러다가 봉투가 열리면 어떡해. 그러면 우리는 탈락이라고!"

"틈이 좀 있으면 들여다보려고 한 거야. 그런데 봉투가 너무 단단히 봉해져 있어서……."

"이리 내놔."

또다시 봉투를 가져간 감성빈은 봉투를 흔들어 보더니 하늘로 높이 들었다. 온누리가 물었다.

"뭐 하는 거야?"

"햇빛에 비춰 보는 거야. 예전에 아빠랑 단둘이 할머니 댁에 갔는데, 할머니가 엄마한테 용돈을 전해 주라며 봉투를 주신 적이 있어. 그때 아빠가 얼마를 넣었느냐고 계속 여쭤 봤지만, 할머니는 끝내 안 가르쳐 주시더라고. 오히려 봉투를 풀로 단단히 봉하셨지. 그런데 아빠가 집에 가는 길에 봉투를 이렇게 햇빛에 비춰 보시는 거야. 그랬더니 안에 든 수표가 보이더라고. 아빠는 아들인 자기한테는 용돈도 안 주시면서 며느리한테는 많이 주신다고 투덜거리셨지. 아무튼, 그때처럼 봉투의 종이가 얇으면 안에 있는 내용물이 보일지도 몰라."

온누리와 천재인도 감성빈 옆에 바짝 붙어 봉투를 쳐다보았다. 하지만 그림자를 통해 안에 종이가 있다는 것만 확인할 수 있을 뿐, 글자는 보이지 않았다.

"에이, 안 보인다."

감성빈은 팔이 아픈지 툭툭 두드리며 봉투를 내려놓았다.

"빛이 더 강하면 보일지도 모르는데. 어디서 강한 조명 같은 것 구할 수 없을까?"

온누리와 감성빈은 주변 건물을 재빨리 훑어보았다. 하지만 천재인은 무슨 생각을 하는지 멍한 표정으로 봉투를 보고 있었다. 감성빈이 천재인을 툭 치며 말했다.

"천재인, 그렇게 본다고 편지가 보이겠어?"

그런데 천재인이 고개를 번쩍 들며 엉뚱한 소리를 했다.

"감성빈, 넌 천재야."

감성빈은 갑작스러운 칭찬에 당황한 듯 헛기침을 했다.

"왜 그래, 갑자기. 흠흠, 내가 천재인 걸 지금 알았냐? 하하하. 나 원 쑥스……."

하지만 감성빈의 자화자찬은 천재인의 말에 묻히고 말았다.

"네 말을 들으니까 감이 왔어. 이번 미션을 해결하려면 빛의 성질을 이용해야 해."

그러자 감성빈이 살짝 짜증 섞인 목소리로 말했다.

"아까 내 말 못 들었어? 그래서 강한 빛을 찾으려는 거잖아. 햇빛에 비춰도 안 보이……."

천재인이 빠르게 고개를 흔들었다.

"강한 빛이 아니라 검은색 종이를 찾아야 해."

"그건 또 뭔 소리야. 검은색 종이로 뭘 어떻게 하려고?"

"설명은 나중에 해 줄 테니까 먼저 검은색 종이를 찾아. 아니지. 꼭 검은색이 아니어도 돼. 어두운 색 종이면 뭐든 괜찮아. 얼른 찾아봐."

천재인의 성화에 온누리와 감성빈도 어두운 색 종이를 찾기 시작했다. 하지만 건물의 문이 모두 잠겨 있어 쉽지 않았다. 결국, 세 아이는 광장의 쓰레기통까지 뒤져야 했다.

"아우, 냄새. 아무리 봐도 어두운 색 종이는 없어."

감성빈이 코를 막으며 인상을 썼다. 하지만 천재인은 아랑곳하지 않고 쓰레기통 바닥까지 뒤졌다. 그 모습에 온누리와 감성빈이 궁금증을 이기지 못하고 물어보았다.

"천재인, 어두운 색 종이로 뭘 어떻게 하려는 거야?"

"별의별 방법을 다 생각해 봤지만, 어두운 색 종이로 봉투 안의 글씨를 본다는 건 도저히 감이 안 잡혀. 그치, 온누리?"

"맞아. 게다가 너도 아까 분명히 이번 미션은 빛의 성질을 이용하면 된다며. 그럼 감성빈의 말대로 강한 빛을 찾아야 하는 거 아냐?"

천재인이 쓰레기통에서 몸을 일으켰다.

"알았어, 알았어. 내가 왜 이러는지 설명해 줄게. 너희 혹시 빛이 물체를 통과하기도 하고 물체 표면에서 반사하기도 한다는 것을 알아?"

"글쎄, 잘 모르겠는데?"

"감성빈의 아빠가 햇빛에 봉투를 비춰서 안에 있는 수표를 볼 수 있었던 것은 빛의 일부가 봉투를 통과했기 때문이지. 이처럼 빛은 직진하다가 일부는 통과해. 그리고 일부는 물체의 표면에 닿아 반대 방향으로 튕겨 나오는데, 이걸 '빛의 반사'라고 하지. 여기까지는 이해했어?"

두 아이가 알쏭달쏭한 표정을 짓자 천재인은 설명을 이어 갔다.

"음……. 쉽게 설명하자면, 투명한 셀로판지나 유리창은 뒤에 있는 물건이 잘 보이지? 그건 통과하는 빛이 반사하는 빛보다 훨씬 많기 때문이야. 하지만 종이는 통과하는 빛이 반사하는 빛보다 훨씬 적어서 종이 뒤에 있는 물건이 거의 보이지 않아. 그래서 통과하는 빛을 늘리려고 햇빛에 비춰 보는 거야. 그래도 종이 뒤가 잘 보이진 않지."

온누리와 감성빈은 건물에 있는 유리창과 봉투를 번갈아 보며 고개

를 끄덕였다.

"이제 좀 이해가 됐어. 종이에 빛을 비추면 통과하는 빛보다 반사하는 빛이 더 많다. 그래서 종이 뒤가 잘 안 보인다. 그런데 아직도 어두운 색 종이가 왜 필요한지 모르겠는데?"

감성빈의 물음에 천재인은 건물 쪽으로 걸어가며 대답했다.

"어두운 색은 밝은색보다 빛을 더 많이 흡수하거든. 그래서 어두운 색 종이를 이용해 흰 봉투에서 반사하여 우리 눈으로 들어오는 빛을 줄여 보려는 거야. 그러면 흰 봉투를 통과한 빛이 우리 눈에 더 많이 들어오겠지? 그러면……."

"봉투 속의 글씨가 보인다?"

온누리가 되뇌었다. 하지만 설명을 들어도 믿어지지는 않았다. 그건 감성빈도 마찬가지였다. 그때, 건물 벽 한쪽에 붙은 광고 전단지가 세 아이의 눈에 들어왔다.

"저기! 저기에 어두운 갈색 종이가 있어."

　감성빈이 얼른 뛰어가 전단지를 떼어 왔다. 그리고 되돌아와 천재인에게 건넸다.
　"이제 어떻게 하면 돼?"
　천재인은 전단지를 원통 모양으로 가늘게 돌돌 말았다. 그리고 그 끝을 봉투에 대고 마치 현미경을 보듯 그 안을 들여다보았다. 온누리와 감성빈은 침을 삼키며 천재인의 반응을 기다렸다.
　"어때? 보여? 응?"
　감성빈이 다급하게 물었다. 하지만 천재인은 봉투를 계속 들여다보며 고개를 갸우뚱거렸다. 답답해진 감성빈이 흰 봉투와 종이를 빼앗아 봉투를 들여다보았다.
　"우아, 신기해! 진짜 글씨가 보이잖아. 그런데 이게 무슨 말이지?"

감성빈마저 고개를 갸우뚱거리자, 온누리가 발을 동동 구르며 물었다.

"왜? 왜 그러는데? 뭐라고 씌어 있는데?"

"어……. 시, 민, 들, 이, 이, 시, 를, 대, 표, 하, 는, 사, 람, 을, 뽑, 고, 있, 는, 장, 소? 이게 뭐야?"

편지에 적힌 장소를 알아내라!

감성빈이 난감한 표정으로 고개를 들며 물었다.

"시민들이 이 시를 대표하는 사람을 뽑고 있는 장소라니, 어디를 말하는 거지?"

천재인도 잘 모르겠다는 듯, 어깨를 으쓱거렸다.

"난 시를 대표하는 사람이 누군지부터 모르겠어."

하지만 마지막으로 봉투 속 글자를 확인한 온누리는 알 듯 말 듯한 미소를 지었다. 그 미소를 본 감성빈과 천재인이 눈을 반짝이며 온누리에게 바짝 다가갔다.

"온누리, 넌 이게 무슨 말인지 알아?"

감성빈의 물음에 온누리는 고개를 끄덕이며 빨리 따라오라고 손짓했다.

"당연하지. 내가 이런 쪽에는 너희보다 아는 게 많잖아."

온누리는 광장 이곳저곳을 뛰어다니며 무언가를 찾기 시작했다. 천재인과 감성빈은 영문도 모른 채 온누리의 뒤를 졸졸 따라다녔다. 답답해진 감성빈이 다시 물었다.

"온누리, 같이 가! 시민들이 시를 대표하는 사람을 뽑는다는 게 뭔데? 그리고 시를 대표하는 사람이 도대체 누구야?"

"그건 선거를 한다는 거야."

감성빈과 천재인이 멍한 표정으로 서로를 쳐다보았다.

"선거? 어……. 반장 선거 같은 거?"

"그래. 학교에서는 학기마다 반 아이들을 대표해 일할 반장을 선거로 뽑잖아. 학교 전체를 대표해 일할 학생회장도 선거로 뽑고. 다시 말해서 반을 대표하는 사람은 반장, 학교를 대표하는 사람은 학생회장이라는 거지. 그러니까 시를 대표하는 사람은……."

그 순간, 감성빈과 천재인이 동시에 소리쳤다.

"시장! 시장이구나!"

"그래. 우리나라는 민주주의 국가이기 때문에 나라의 주인은 바로 국민이야. 하지만 이 수많은 국민이 나라의 일을 직접 결정할 수는 없잖아. 그래서 국민은 자신을 대표해 중요한 일을 결정할 대표를 뽑는데, 그것을 '선거'라고 해."

대답하던 온누리가 갑자기 반대쪽으로 뛰어갔다. 감성빈도 얼른 쫓아가며 물었다.

"그러면 시장은 어떻게 뽑는데? 반장 선거랑 똑같아?"

"비슷해. 반장 선거 때에도 반장이 되려는 여러 명의 아이가 후보로 나오지? 그리고 자신이 반장이 되면 이러이러한 일을 하겠다고 선거 운동을 하잖아. 그것처럼 시장 선거에서도 시민을 대표하고 싶은 사람이 자신을 후보로 등록해. 그다음에는 시민들에게 자신을 뽑아 달라고 선거 운동을 하지. 자신이 시장이 되면 이러이러한 정책을 펼치겠다고 시민들에게 알리는 거야. 시민들은 여러 명의 후보 중에 적합하다고 생각되는 사람에게 지지 표시를 하는데, 그게 바로 투표야."

온누리의 설명을 듣고 천재인이 고개를 끄덕이며 말했다.

"정말 반장 선거랑 똑같구나. 나도 아이들이 연설하는 걸 듣고서 친한 내 짝 대신 다른 애 이름을 적어 낸 적이 있어. 내 짝은 연설할 때 농담만 하더라고. 하지만 한 아이가 아주 진지하게 반 아이들을 위해 여러 가지 일을 하겠다고 조목조목 이야기했어. 그래서인지 반 아이들 대부분이 그 아이 이름을 적어 냈고, 그 아이가 반장이 됐지."

그러자 감성빈이 아주 중요한 것을 물어보았다.

"그런데 말이야, 반장을 뽑을 때에는 뽑고 싶은 후보의 이름을 적은 종이를 모아 선생님께 드리잖아. 시장을 뽑을 때에는 어떻게 해? 종이에 이름을 적어서 어디에 내는 거야?"

그때, 온누리가 광장 한쪽 구석의 건물 앞에서 걸음을 멈추었다. 그리고 건물 벽에 붙은 종이를 떼어 내며 소리쳤다.

"찾았다. 찾았어!"

"뭘? 뭘 찾았는데?"

"투표소의 위치를 알려 주는 지도!"

온누리는 지도를 보며 뛰어갔다. 덩달아 천재인과 감성빈도 뛰기 시작했다. 감성빈이 뛰면서 되물었다.

"투표소?"

"시장 선거는 반장 선거처럼 자기 자리에 앉아서 투표를 하지 않아. 선거 관리 위원회라는 곳에서 투표할 장소와 날짜를 미리 알려 주면, 시민들이 그 날짜에 맞춰 정해진 장소에 가서 투표해. 그러니까 편지에 적힌 곳은, 시장을 뽑기 위해 투표하는 장소인 투표소야!"

온누리는 뛰어가면서 두 아이에게 투표소가 표시된 지도를 보여 주었다. 그곳은 광장에서 조금 떨어진 학교였다.

"좋아, 어서 가자!"

그전까지 온누리의 뒤를 졸졸 쫓아다니던 감성빈이 속력을 내기 시작했다. 천재인도 얼른 그 뒤를 따랐다. 그러자 달리기를 잘 못하는 온

누리는 금세 뒤처지고 말았다.

"감성빈, 천재인! 같이 가."

그러자 두 아이가 되돌아와 온누리의 양팔을 붙잡고 뛰기 시작했다.

"어어어어, 감성빈! 나 넘어질 것 같아."

"시간이 없어! 다른 팀들은 벌써 미션을 끝냈을지도 모른다고."

결국, 온누리는 두 아이에게 번쩍 들려 갔다. 거미줄 같은 길을 꼬불꼬불 달려가던 그때, 온누리가 소리쳤다.

"저기야! 저쪽에 투표소를 알려 주는 화살표가 있어!"

세 아이는 화살표를 따라 전속력으로 달렸다. 좁은 길을 빠져나오자, 학교 운동장에 길게 줄을 선 사람들이 보였다.

"사람들이 학교 강당으로 들어가는데? 강당이 투표소인가 봐. 저기로 들어가자."

아이들은 줄 선 사람들 옆을 쏜살같이 달려 강당 안으로 들어갔다. 그러자 강당에 있는 전광판에 글자가 나타났다.

'축하합니다! 불사조 팀 미션 성공입니다.'

세 아이는 서로 얼싸안고 기뻐했다. 하지만 기쁨도 잠시, 세 아이는 그 뒤에 나타난 글에 얼어붙고 말았다.

'불사조 팀의 현재 순위는, 9위입니다. 이제 두 번째 미션을 위해 시청으로 이동하세요.'

세 아이는 너무 큰 충격에 할 말을 잃었다. 그러나 세 아이보다 더 큰 충격을 받은 사람이 있었으니, 바로 회의실에서 텔레비전으로 대회를 보던 천재주였다.

"뭐야, 뒤에서 두 번째라니. 재수 없는 왕공부네 엄친아 팀은 2위인데. 이럴 순 없어!"

요건 몰랐지?

종이가 젖으면 투명해진다고?

가끔 공책이나 책에 마시던 물을 흘리거나 기름이 묻는 경우가 있지? 그러면 신기하게도 종이가 투명해지면서 전에는 안 보이던 뒷면의 글씨가 잘 보여. 왜 이런 현상이 생길까?

종이는 맨눈으로 보면 매끄러워 보이지만, 사실은 무수히 많은 구멍이 나 있어서 표면이 울퉁불퉁해. 그래서 빛이 종이 표면에서 다양한 방향으로 반사하지. 이때 우리 눈에는 반사한 빛이 훨씬 많이 보여서 종이가 불투명한 흰색으로 보여. 그런데 종이에 기름이나 물이 묻게 되면, 종이에 있는 수많은 구멍이 메워지면서 울퉁불퉁하던 표면이 매끄러워져. 그러면 통과하는 빛의 양이 많아져 종이 뒤에 있는 글자가 보이는 거야. 흰 옷을 입고 있다가 물에 젖으면 맨살이 더 잘 비치는 것도 이 때문이지.

핵심 콕콕 사회 — 선거와 투표

선거란?

민주주의 국가에서 국민은 나라나 자기가 사는 지역에 중요한 일이 생기면 모여서 결정을 내려야 해. 하지만 중요한 일이 생길 때마다 수많은 사람들이 모두 모여 결정을 내린다면 어떻게 될까? 모두 모이기도 힘들고, 빠른 결정을 내릴 수도 없을 거야. 그래서 국민은 자신을 대신해 중요한 일을 결정할 대표를 뽑아. 이처럼 자신을 대표할 사람을 뽑는 것을 '선거'라고 해. 우리나라에서는 대통령, 국회의원, 시장·도지사 등의 지방 자치 단체장, 시의원·도의원 등의 지방 의회 의원, 교육감과 교육 위원을 선거로 뽑지.

그렇다면 선거는 어떤 과정을 거쳐서 이루어질까? 먼저 선거 관리 위원회에서 대표를 뽑을 수 있는 사람들의 명단을 만들어. 그리고 대표가 되기를 원하는 사람들이 후보 등록을 하고, 정해진 기간 동안 자기를 대표로 뽑

아 달라고 선거 운동을 해. 거리에서 유세를 하거나 명함을 돌리고 노래를 부르는 등 여러 가지 활동을 하지. 선거일이 되면, 사람들은 후보들 중에 자신의 대표로 적합하다고 생각되는 후보에게 지지를 표시하는데, 이를 '투표'라고 해. 투표가 끝나면 지정된 장소에서 각 후보가 몇 표씩 얻었는지 세는 개표를 하고, 개표 결과 가장 많은 표를 얻은 사람이 당선되어 당선증을 받고 임기를 마칠 때까지 대표로 일해.

선거의 4원칙

선거를 공정하고 올바르게 치르려면 꼭 지켜야 할 네 가지 원칙이 있어. 첫 번째 원칙은 '보통 선거'인데, 일정한 나이가 된 모든 국민에게 선거권을 주는 거야. 우리나라는 만 19세가 되면 누구나 선거를 할 수 있지. 두 번째 원칙은 '평등 선거'로, 신분이나 재산, 성별, 학력 등 조건에 관계없이 한 사람당 한 표씩 투표할 수 있는 거야. 세 번째 원칙은 '직접 선거'로, 자신이 직접 투표한다는 거야. 네 번째 원칙은 '비밀 선거'로, 자신이 투표한 사람을 다른 사람이 알지 못하게 비밀이 보장된다는 것이지.

빛의 통과와 반사

빛의 통과

화창한 대낮에 유리창을 통해 밖을 보면 어때? 앞에 유리가 있다는 것을 느끼지 못할 만큼 바깥 풍경이 잘 보이지? 이건 빛이 유리창을 거의 다 통과했기 때문이야.

그런데 빛이 통과하는 양은 물체의 성질에 따라 달라. 어항이나 유리창과 같은 물체는 빛을 대부분 통과시키기 때문에, 어항이나 유리창 등을 통해서는 다른 물체를 뚜렷하게 볼 수 있지. 이렇게 빛을 거의 다 통과시키는 것을 '투명'하다고 해. 반면, 책받침이나 나무 같은 물체는 빛을 통과시키지 않기 때문에, 책받침이나 나무를 통해서는 다른 물체를 볼 수 없지. 이렇게 빛을 통과시키지 않는 것을 '불투명'하다고 해.

그럼, 화선지나 젖빛 유리 같은 물체는 어떨까? 빛을 조금만 통과시키기 때문에, 이런 것들을 통해 다른 물체를 볼 때에는 자세히 보이지 않아. 이렇게 빛을 조금만 통과시키는 것을 '반투명'하다고 하지.

빛의 반사

앞으로 곧게 나아가던 빛이 물체의 표면에 닿아 반대 방향으로 튕겨 나오는 현상을 '빛의 반사'라고 해. 우리가 물체를 볼 수 있는 것은 물체를 만났을 때 반사된 빛의 일부가 우리 눈에 들어오기 때문이야.

빛이 반사되는 형태에는 두 가지가 있어. 거울처럼 표면이 매끄러운 물체에 빛이 반사되면 빛은 일정하게 한 방향으로 나아가. 이를 '정반사' 또는 '거울 반사'라고 해. 거울에 빛이 정반사되어 우리 눈에 들어오기 때문에, 거울에 얼굴을 비추어 보면 또렷하게 볼 수 있지. 하지만 종이처럼 표면이 울퉁불퉁한 물체에 빛이 반사되면 여러 방향으로 흩어져. 이를 '난반사'라고 해. 그래서 종이에 얼굴을 비추면 보이지 않지.

시장이 납치됐다고?

"후……."

"하아……."

10팀 중 9위를 했다는 사실에 충격을 받은 천재인, 감성빈, 온누리는 땅이 꺼질 듯 계속 한숨을 쉬며 두 번째 미션을 수행하러 무거운 발걸음을 재촉하고 있었다.

"우리가 너무 쉽게 생각했나 봐."

정적을 깬 온누리의 말에 감성빈이 힘없이 고래를 절레절레 흔들었다.

"전 세계에서 뛰어난 애들이 예선을 거쳐 올라왔으니, 어쩌면 당연한 결과인지도 몰라."

그런데 그때, 말없이 걷던 천재인이 버럭 화를 냈다.

"하지만 왕공부네 엄친아 팀이 2등을 했다는 건 이해할 수 없어. 학원에서 가르쳐 주는 것만 줄줄 외우는 애들이 2등을 하다니, 이건 말도 안 돼!"

왕공부의 이름이 나오자 대회장 앞에서 있었던 일이 생각난 감성빈도 흥분하기 시작했다.

"허, 생각해 보니 열 받네. 배운 것만 로봇처럼 달달 외우는 주제에 우리한테 놀기 좋아하고 먹을 것만 밝히는 애들이라고 비웃었지? 그런

녀석한테 지다니. 그 녀석 코를 납작하게 해 주기로 재주랑 약속까지 했는데."

그러자 온누리도 정체를 알 수 없는 열기가 온몸에 훅 느껴졌다. 온누리는 비장한 목소리로 두 아이에게 말했다.

"천재인, 감성빈, 우리 이번 미션에서는 최선을 다해서 꼭 왕공부를 이기자. 예의라고는 눈곱만치도 없는 공붓벌레들에게 질 수는 없잖아."

"맞아! 맞아!"

"그래, 우리 너무 기죽지 말자. 불사조 파이팅!"

"파이팅!"

파이팅을 외친 세 아이는 전의를 활활 불태우며 시청 앞에 도착했다. 그런데 시청 앞에 모인 사람들을 보고 아이들은 이상한 느낌을 받았다. 하나같이 근심 가득한 얼굴로 한숨을 쉬고 있었기 때문이었다.

"천재인, 무슨 일이 있나 봐."

"그러게, 온누리. 분위기가 꽤 심각하네."

세 아이는 조심스럽게 한 무리의 사람들에게 다가갔다. 그들은 심각하게 대화를 나누고 있었다.
　"그냥 이렇게 있어도 되나? 누구라도 가야 하는 거 아냐?"
　"거기 갈 사람이 누가 있겠어?"
　"하긴, 그곳에 갔다가 살아 돌아온 사람이 없었으니……."
　그 말에 사람들은 모두 한숨을 내쉬었다. 잠시 뒤, 한 사람이 조심스럽게 말을 꺼냈다.
　"그럼, 시장을 다시 뽑아야 하나?"
　어느 누구도 그 질문에는 대답하지 않았다. 사람들의 대화를 엿들은 온누리는 궁금증을 참지 못하고 지나가던 아저씨를 붙잡고 물었다.
　"아저씨, 무슨 일 있어요? 시장님에게 무슨 일이 생겼나요?"
　"흠……. 오늘 투표 결과, 치프 씨가 새로운 시장으로 당선되었어. 그래서 시청 앞에서 당선 축하 연설을 하기로 했는데, 그만 납치를 당했다지 뭐냐."
　그 순간, 세 아이는 조금 전에 들은 사람들의 대화를 떠올렸다. 온누리는 이해가 안 된다는 표정으로 아저씨에게 다시 물었다.
　"방금 지나가다 들었는데, 시장님이 어디에 계신지 다 아는 것 같던데요. 그런데 왜 아무도 구하려고 하지 않아요?"
　그러자 아저씨는 당혹스러운 표정을 지었다.
　"범인들이 요구 사항을 쪽지에 남겼는데, 시장님을 살리고 싶으면 우리 시가 가지고 있는 보물 지팡이를 가져오라고 했단다."

"보물 지팡이요?"

"옛날, 이 도시가 위험에 빠졌을 때 도시를 지켜 줬다는 전설이 있는 지팡이야. 그래서 시민들이 평범한 나무 지팡이를 기리기 위해 수많은 다이아몬드와 루비, 사파이어, 진주로 지팡이를 꾸몄단다. 이 도시에 사는 사람들에게 정말 소중한 지팡이지. 그걸 가져오라고 하니……."

"그래도 사람의 목숨이 달렸잖아요!"

온누리가 따지듯 말하자 아저씨는 고개를 끄덕였다.

"물론 그렇지. 시민들도 시장님을 살릴 수 있다는 확신만 있다면 지팡이를 내줄 거야. 그런데 문제는 시장님이 납치되어 있는 곳이 '무니꽝다쳐스 성'이라는 거야."

"무, 무슨 성이오?"

온누리가 되묻자, 아저씨는 놀랍다는 표정을 지으며 세 아이를 쳐다보았다.

"너희는 무니꽝다쳐스 성에 대해 못 들어 봤어? 저기 보이는 저 산 깊숙한 곳에 있는, 거인이 지키는 무시무시한 성 말이야. 그 거인은 어느 누구도 성안에 들어가지 못하게 하는 데다가, 운 좋게 성안에 들어간 사람도 다시는 나오지 못했어."

"왜요?"

"음……. 글쎄다. 그 성 근처에 가 본 적이 있는 사람들이 그러는데, 성벽 안쪽에서 끔찍한 비명이 들린대. 그래서 성안에 사람을 잡아먹는 괴물이 있다는 말도 있고, 성에 저주가 걸려 있어서 같은 자리를 맴맴

돌다가 결국엔 지쳐서 죽는다는 말도 있어."

아저씨는 생각만 해도 무서운지 몸을 부르르 떨었다. 세 아이도 얼굴이 하얗게 질려 갔다.

"그러니 누가 시장님을 구하러 무니꽝다쳐스 성에 가려 하겠어? 또, 시장님이 살아 있다는 보장도 없으니 납치범들의 말만 믿고 보물 지팡이를 넘겨줄 수도 없는 노릇이고. 이거 참, 시장님만 불쌍하게 됐지."

아저씨는 고개를 절레절레 흔들며 다시 가던 길을 걸어갔다. 온누리, 천재인, 감성빈은 설마 하는 표정으로 서로를 쳐다보았다.

"이게 두 번째 미션인가? 납치된 시장님을 구하는 거?"

감성빈의 물음에 천재인이 고개를 갸우뚱거렸다.

"그런가? 일단 성에 가 보면 확실히 알겠지."

세 아이는 잠시 심호흡을 한 뒤, 누가 먼저랄 것도 없이 무니꽝다쳐스 성을 향해 뛰기 시작했다. 무니꽝다쳐스 성이 있는 산은 키 큰 나무들이 빽빽이 서 있어 빛도 제대로 들지 않았다. 세 아이는 낮인데도 밤처럼 어두운 숲을 끙끙거리며 헤쳐 나갔다. 그리고 마침내 숲을 빠져나오자, 눈앞에 어마어마하게 큰 성이 나타났다.

"우아, 진짜 으스스하다."

감성빈의 목소리가 가늘게 떨렸다. 아저씨의 말대로 무니꽝다쳐스 성은 무시무시한 분위기를 뿜어내고 있었다. 커다란 돌로 쌓아 올린 성벽은 너무 높아 넘어갈 수 없었고, 뾰족한 쇠못이 박힌 문은 한눈에 보아도 아주 무거워 보였다. 심지어 성벽 너머로 보이는 성안은 검은 안

개로 뒤덮여 무서운 괴물이라도 튀어나올 것 같았다. 세 아이는 성의 음산한 분위기에 몸이 저절로 움츠러들었다. 그런데 그때, 숲에서 무엇인가 툭 튀어나왔다.

"엄마야!"

깜짝 놀란 감성빈이 펄쩍 뛰며 이번에는 천재인에게 꼭 붙었다. 온누리도 그 자리에 주저앉고 말았다. 그런데 세 아이 앞에 나타난 것은 괴물이 아니었다.

"너, 너는?"

감성빈이 천재인에게 달라붙은 채 놀란 목소리로 말했다. 광장에서 세 아이에게 봉투를 전해 주었던 아이였던 것이다. 아이는 얼마나 많이 울었는지 눈이 퉁퉁 부어 있었다. 세 아이는 가슴을 쓸어내리며 아이에게 다가갔다.

"얘, 너 괜찮니? 길을 잃었니?"

온누리의 물음에 아이가 눈물을 훔치며 대답했다.

"아니야."

"그럼 여기서 왜 울고 있어? 여기는 너처럼 어린아이가 오면 안 되는 곳이라는데."

"나, 아빠를, 아빠를 구하러 왔어."

"뭐? 아빠라니?"

"아빠가 저 성에 잡혀갔어. 그런데 아무도 아빠를 구하려고 하지 않아. 그래서……."

"그럼, 네 아빠가 납치되었다는 시장님이야?"

온누리가 놀라서 묻자, 아이는 훌쩍이며 고개를 끄덕였다. 예닐곱 살쯤 된 어린아이가 혼자서 아빠를 구하겠다고 이곳까지 오다니, 세 아이는 가슴이 아팠다.

"너 같은 어린아이가 어떻게 성안에 들어가려고. 여기는 무시무시한 거인이 지키고 있대."

"알아. 그래서 거인에게 씨름을 하자고 했는데, 거인이 쫓아냈어. 그래도 그냥 돌아갈 수는 없어서 숲에 숨어 있었어."

시장 아들의 엉뚱한 말에 세 아이는 어리둥절한 표정을 지었다. 이번에는 감성빈이 물었다.

"그게 무슨 말이야. 너, 거인을 만났어? 그리고 거인한테 씨름을 하자고 했다고?"

"응. 돌아가신 할아버지가 옛날에 말씀해 주셨어. 무니꽝다쳐스 성의 거인은 씨름을 엄청 좋아해서, 씨름에서 이기면 누구든 성에 들어갈 수 있대. 그래서 내가 거인을 불러내 씨름을 하자고 했더니 막 화를 냈어. 자기가 쪼그만 어린애를 상대할 만큼 우습냐고. 너무 무서웠어."

그 순간, 세 아이의 눈이 동시에 반짝거렸다. 성안에 들어갈 방법을 알아낸 것이었다. 하지만 문제는 누가 거인을 상대하느냐였다. 감성빈이 자신 있게 나섰다.

"내가 해 보지, 뭐."

감성빈은 말릴 틈도 없이 성문으로 다가갔다. 그리고 문을 두들기며

소리쳤다.

"거인, 나와라! 어서 나와서 나랑 씨름 한판 하자!"

하지만 성안에서는 아무런 반응도 없었다. 감성빈은 또 한 번 숲이 쩌렁쩌렁 울릴 정도로 크게 소리쳤다.

"거인, 나오라니까!"

그때, 찢어질 듯한 금속성의 소리가 들려왔다. 성문에서 나는 소리였다. 네 아이는 깜짝 놀라 뒷걸음질쳤다. 온누리가 성문을 가리켰다.

"문이, 문이 열리고 있어!"

성문은 천천히, 아주 천천히 열렸다. 그리고 그 뒤에서 엄청난 몸집의 거인이 나타났다.

"네놈들은 누구냐!"

거인이 아이들을 향해 소리치자, 그 진동에 몸이 떨렸다. 성벽처럼 검은 피부에 키가 큰 거인이 문 앞에 우뚝 서서 아이들을 내려다보았다.

"감히 무니꽝다쳐스 성의 문을 두드리다니. 이곳이 네놈들 놀이터인 줄 아느냐!"

거인은 잔뜩 화가 나 계속 으르렁거렸다. 하지만 감성빈은 오히려 더 가까이 다가갔다.

"아저씨, 저랑 씨름 한판 해요."

거인은 다짜고짜 씨름을 하자는 감성빈을 한참 내려다보았다. 그리고 어이없다는 듯 큰 소리로 웃었다.

"하하하하! 너처럼 조그마한 녀석이랑 씨름을 하라고? 하하하하."

그런데 시장 아들에게 들은 대로 거인은 정말 씨름을 좋아하는지 싫다는 소리는 하지 않았다. 감성빈은 씨익 웃으며 거인을 자극했다.

"길고 짧은 건 대어 봐야 알죠. 저한테 질까 봐 겁나서 그런 거죠?"

감성빈의 도발에 거인의 웃음소리가 뚝 끊기며 무거운 정적이 흘렀다. 천재인과 온누리의 등에서는 식은땀이 나기 시작했다. 잠시 뒤, 거인은 기괴한 미소를 지으며 이렇게 말했다.

"건방이 하늘을 찌르는구나. 좋다. 내가 상대해 주지."

의도했던 대로 거인이 넘어오자, 감성빈은 한 가지 조건을 내걸었다.

"저도 좋아요. 단, 조건이 있어요. 씨름을 세 번 해서 제가 한 번이라도 이기면 저희를 성안으로 들여보내 주세요."

"좋다! 네가 나와 씨름을 해서 한 번이라도 이기면 성안에 들여보내 주지. 하지만 너희가 성안에 들어갈 일은 절대 없을 것이다. 하하하."

그 순간, 세 아이는 거인을 씨름으로 이기는 것이 두 번째 미션이라는 것을 깨달았다.

씨름으로 거인을 이겨라!

온누리가 시합을 위해 몸을 푸는 감성빈에게 조심스레 물었다.

"감성빈, 괜찮겠어?"

"거인이 제안을 받아들여서 다행이긴 한데, 네가 다칠까 봐 걱정돼."

천재인도 걱정스럽게 말했다. 그러자 감성빈의 얼굴이 잠깐 어두워

졌다. 하지만 자신을 뚫어져라 보고 있는 시장 아들과 눈이 마주치자, 다시 밝은 목소리로 말했다.

"걱정하지 마. 내가 예체능 쪽으로는 천부적인 재능을 타고났잖아. 특히, 씨름은 어릴 때부터 할아버지랑 많이 해 봐서 꽤 잘해. 할아버지는 알아주는 씨름꾼이었는데, 내가 일곱 살에 할아버지를 이기기도 했다니까!"

그때, 거인이 감성빈에게 긴 천을 건네며 으름장을 놓았다.

"어리다고 봐주지 않을 테니 단단히 각오해라."

감성빈은 또래보다 키가 큰 편이긴 하지만, 거인과 함께 서 있으니 키도 덩치도 상대가 되지 않았다.

"저렇게 덩치가 큰데, 이길 수 있을까?"

천재인이 심각한 표정을 짓자, 감성빈이 빙그레 웃으며 대답했다.

"씨름은 덩치나 힘이 아니라 기술이 가장 중요한 운동이야. 할아버지도 나의 특기인 안다리 걸기에 매번 지셨거든. 그러니까 내가 그 기술로 저 거인의 중심을 무너뜨려 이겨 주겠어."

그때, 온누리가 작은 목소리로 천재인에게 물었다.

"천재인, 내가 씨름에 대해서 잘 몰라서 그러는데, 씨름은 어떻게 하는 거야?"

"글쎄? 두 사람이 서로 어깨를 맞대고 미는 거 아냐?"

감성빈이 두 아이의 대화를 듣고 놀랍다는 표정을 지었다.

"너희 둘, 씨름 안 해 봤어? 본 적도 없고?"

"사진으로만 봤지, 실제로 본 적이 없어. 어떻게 하는지도 모르고."

"헐……."

천재인의 대답을 들은 감성빈은 거인이 건네준 천을 자신의 다리와 허리에 감으며 설명을 시작했다.

"내가 지금 매고 있는 것이 샅바인데, 씨름은 서로 상대방의 샅바를 잡고 겨루는 거야."

아이들은 감성빈이 능숙한 솜씨로 샅바를 매는 모습을 신기한 듯 보았다. 천재인이 다시 물었다.

"씨름의 규칙이 뭔데? 그러니까 어떻게 하면 이기는 거야?"

"씨름은 누가 먼저 상대방의 중심을 무너뜨려 넘어뜨리는지로 승부를 정해. 무릎 위쪽의 부분이 모래판에 먼저 닿으면 지는 거야."

"아, 그렇구나."

"그리고 천재인이 씨름은 서로 미는 것 아니냐고 했잖아? 사실은 그 반대야. 씨름은 주로 당기는 힘을 이용해. 씨름에는 다양한 기술이 있는데……. 어떻게 설명하지?"

감성빈은 말로는 설명이 어려운지, 갑자기 천재인의 허리를 붙잡았다. 천재인이 흠칫 놀라며 뒷걸음질치려고 했지만, 감성빈에게 붙잡혀 꼼짝달싹하지 못했다. 그다음, 감성빈은 오른발로 천재인의 왼쪽 다리를 걸어 순식간에 뒤로 쓰러뜨렸다. 눈 깜짝할 사이에 넘어진 천재인은 땅바닥에 주저앉아 입을 쩍 벌렸다. 그 모습에 온누리와 시장 아들은 잠시 거인을 잊은 채 손뼉을 치며 좋아했다.

"자, 봤지? 씨름은 이렇게 내 다리나 팔로 상대방을 넘어뜨리는 거야. 어땠어, 천재인?"

천재인은 감성빈이 내민 손을 잡고 일어났다.

"와, 이렇게 쉽게 넘어질 줄 나도 몰랐어."

"그건 내가 너의 중심을 무너뜨렸기 때문이야. 씨름에서는 상대방의 중심을 무너뜨리는 기술을 얼마나 잘 사용하느냐가 중요해. 지금 너에게 건 기술이 나의 특기인 안다리 걸기지."

"그렇구나. 신기한데?"

"어때? 이제 씨름이 뭔지 제대로 알았지?"

천재인은 엉덩이를 만지며 고개를 끄덕였다.

"응, 조금 감이 온다. 이거 무척 과학적인데?"

그때, 샅바를 맨 거인이 감성빈에게 손짓했다.

"겁 없는 꼬마! 이제 붙어 볼까?"

온누리, 천재인, 시장 아들은 감성빈에게 응원을 보냈다.

"감성빈, 넌 할 수 있어!"

"형, 꼭 이겨야 해!"

감성빈은 입술을 꽉 다물고 거인에게 다가갔다. 두 사람은 바닥에 무릎을 꿇고 마주 앉아 서로의 샅바를 잡았다. 그 자세로 두 사람이 일어났는데, 거인보다 몸집이 작고 팔이 짧은 감성빈은 거인과 몸집이 비슷하게 보이려는 듯 몸을 세웠다.

"괜찮을까?"

온누리는 떨리는 두 손을 기도하듯 마주 잡았다. 천재인과 시장 아들은 큰 소리로 응원을 시작했다. 그런데 이게 웬일?

"감성빈, 이겨라! 감성…… 어어어어?"

아이들이 응원을 본격적으로 시작하기도 전에 감성빈은 이미 큰 대자로 바닥에 누워 있었다. 눈 깜짝할 사이에 거인이 감성빈을 번쩍 들어 올려 바닥에 패대기친 것이었다.

"감성빈!"

온누리, 천재인, 시장 아들이 비명을 지르며 감성빈에게 뛰어갔다.

바닥에 누운 감성빈은 멍한 표정으로 하늘을 쳐다보고 있었다.

"감성빈, 괜찮아? 어디 안 다쳤어?"

온누리가 감성빈을 일으키며 물었다. 감성빈은 고통이 느껴지는 듯 얼굴을 심하게 찡그렸다. 그 모습에 화가 난 천재인과 온누리가 거인에게 고래고래 소리를 질렀다.

"아저씨, 너무한 거 아니에요?"

"아이인데 그렇게 던져 버리면 어떡해요!"

팔짱을 낀 채 웃던 거인이 냉정한 목소리로 말했다.

"내가 분명히 말했다. 어린아이라고 봐주지 않는다고."

"아무리 그래도 그렇지……."

온누리가 울먹이는 목소리로 말했다. 그때, 감성빈이 슬그머니 일어나 두 아이를 불렀다.

"천재인, 온누리, 난 괜찮아."

"거짓말 마. 땅바닥에 떨어질 때 쿵 소리가 났어."

"걱정 마, 온누리. 공중에 떴을 때 이미 떨어질 것을 예상하고 낙법을 썼거든. 흐흐흐."

말은 그렇게 했지만 감성빈은 등과 허리를 쓰다듬었다.

"그런데 가상 현실이라도 아픈 건 아프구나. 하하하."

감성빈은 억지로 웃어 보였지만, 온누리와 천재인은 웃을 수 없었다. 감성빈이 티 내지 않아도 씨름에 진 충격이 꽤 커 보였기 때문이었다.

"이상하네. 왜 내 기술이 먹히지 않았지? 어릴 때에도 나보다 큰 할아버지를 쉽게 넘겼는데, 뭐가 문제지?"

감성빈은 혼란스러운 얼굴로 거인을 쳐다보았다.

씨름은 무게 중심 싸움이야

평소 잘난 체하기 좋아하던 감성빈이 시무룩하자 온누리는 마음이 편치 않았다.

"어떡하지? 감성빈, 풀이 많이 죽었어."

하지만 천재인은 생각에 잠겨 온누리의 말이 들리지 않는 듯했다.

"천재인, 내 말 듣고 있어?"

"어? 뭐라고?"

"감성빈이 풀이 많이 죽어서 큰일이라고. 이대로라면 두 번 남은 씨름도 질 게 뻔한데. 게다가 또 다치면 어떡해."

천재인은 말없이 감성빈을 쳐다보더니, 갑자기 화난 목소리로 말했다.

"감성빈, 너 씨름 제대로 알고 하는 거야?"

천재인의 말에 땅만 쳐다보던 감성빈이 고개를 들었다. 황당해하는 표정이었다.

"무슨 말을 하고 싶어서 그래?"

"너 아까 우리에게 씨름에 대해 설명해 주면서 뭐라고 했어? 씨름은 상대방의 중심을 무너뜨려 이기는 거라며."

"그래, 그렇게 말했어."

"그런데 넌 중심, 그러니까 무게 중심에 대해 제대로 모르고 있잖아. 그러니까 지지."

톡톡 쏘는 천재인의 말에 감성빈은 화가 부글부글 끓어오르는지 얼굴이 벌게졌다.

"내가 중심을 모른다고? 그러는 넌? 씨름을 한 번도 안 해 봤다면서 네가 뭘 알아?"

"씨름은 모르지만, 무게 중심에 대해서는 잘 알아. 네가 씨름에서 진 이유는 거인의 무게 중심을 파악하지 못한 데다가 너의 무게 중심도 흔

들렸기 때문이야."

조목조목 이야기하는 천재인의 말에 감성빈은 어느새 귀를 기울이고 있었다. 온누리도 궁금한 점을 물어보았다.

"그럼, 무게 중심을 어떻게 파악하는데?"

"일단 무게 중심이 뭔지 알아야지. '무게 중심'이란 그 물체의 전체 무게가 모여 있는 것처럼 느껴지는 한 점을 말해. 그리고 무게 중심을 받치는 점을 '받침점'이라고 하지."

천재인은 땅에 있던 나뭇가지를 들어 손가락 위에 올려놓았다. 처음에는 나뭇가지가 균형을 잡지 못해 떨어졌지만, 천재인이 손가락의 위

치를 옮기자 손가락 위에서 흔들리지 않고 균형을 잡았다.

"봐. 나뭇가지가 균형을 잘 잡고 있지? 이건 내 손가락이 나뭇가지의 무게 중심을 받치는 받침점에 있기 때문이야. 다시 말해서, 물체가 균형을 잃지 않으려면 무게 중심과 받침점을 잘 찾아야 한다는 거야."

"그러면 씨름을 할 때에는 어떻게 하면 되는데? 무게 중심은 어디고 받침점은 어딘데?"

감성빈이 적극적으로 질문하자 천재인은 온누리에게 슬쩍 미소를 지어 보였다. 그때야 온누리는 감성빈을 기운 차리게 하려고 천재인이 일부러 톡톡 쏘아붙였다는 걸 알았다.

"사람의 무게 중심은 배꼽에서 조금 아래에 있어. 사람이 두 발로 섰을 때 무게 중심은 받침점 역할을 하는 두 발 사이에 있지. 그런데 무게

중심이 낮은 곳에 있을수록 물체가 안정적으로 놓이기 때문에, 최대한 몸을 낮추는 것이 좋아."

천재인은 감성빈을 차렷 자세로 있게 한 다음, 몸을 밀었다. 그러자 감성빈은 금방 균형을 잃고 비틀거렸다. 하지만 다리를 벌리고 무릎을 구부리게 하자 몇 번을 밀어도 꿈쩍하지 않았다.

"어때? 차이를 알겠어?"

"어. 생각해 보니까 아까는 거인이 너무 커서 내가 몸을 꼿꼿이 세웠던 것 같아. 그래서 다리도 넓게 벌리지 못했고."

"그래. 그때 너의 무게 중심이 흔들리면서 너무 쉽게 균형을 잃었어. 그러니까 다음 판에서는 다리를 벌리고 무릎을 구부린 다음, 최대한 몸을 낮춰. 그래야 무게 중심이 낮아지고 무게 중심이 받침점을 벗어나지 않아서 안정적으로 중심을 잡고 힘을 쓸 수 있을 거야. 빠르게 움직이는 것도 잊지 말고!"

천재인은 씨름 감독처럼 자세한 지시를 내렸고, 감성빈은 한결 자신 있는 표정으로 거인에게 다가갔다. 그러자 거인이 의외라는 듯 물었다.

"꼬마, 또 도전하는 거냐?"

"물론이죠. 처음에 약속했잖아요. 세 번 중 한 번이라도 제가 이기면 저희를 성안으로 들여보내 주겠다고요."

거인은 말없이 감성빈을 내려다보았다. 그리고 팔짱을 풀며 말했다.

"이번엔 더 크게 다칠 수도 있다."

감성빈은 대답 대신 아이들 쪽을 바라보며 주먹을 쥐어 보였다. 자신 있다는 표시였다.

거인과 감성빈은 다시 무릎을 꿇고 앉아 서로의 샅바를 잡았다. 이번에 감성빈은 처음과 달리 거인의 몸에 최대한 몸을 붙였다. 둘이 힘겹게 자리에서 일어나자, 천재인이 있는 힘껏 소리를 질렀다.

"감성빈, 무게 중심을 잊지 마!"

거인과 함께 자리에서 일어난 감성빈은 몸을 최대한 낮추었다. 감성빈의 몸이 아래로 쑥 내려가자, 거인은 당황했는지 숙였던 허리를 조금 세웠다.

"지금이야, 감성빈! 지금! 지금!"

천재인의 외침에 감성빈은 재빨리 거인의 몸 쪽으로 파고들었다. 그리고 거인의 두 다리 사이에 자신의 왼발을 놓은 뒤, 오른발로 거인의 왼쪽 다리를 감아 안다리 걸기를 했다. 그러자 중심을 잃은 거인이 휘청거리더니, 뒤로 쿵 넘어졌다. 정말 기적처럼 놀라운 장면이었다.

"우아아아아아아아아!"

"이겼다! 감성빈이 거인을 이겼어!"

천재인, 온누리, 시장 아들은 감성빈에게 뛰어가 얼싸안았다. 감성빈은 자기가 이겼다는 것이 믿기지 않는 듯 멍한 표정을 짓고 있었다. 온누리가 기뻐서 소리쳤다.

"감성빈, 네가 이겼어! 네가 이겼다고!"

"어, 어. 이겼네……. 내가, 내가 이겼어!"

그때야 감성빈도 아이들과 펄쩍펄쩍 뛰었다. 하지만 곧 표정을 가다듬고 바닥에 앉아 있는 거인에게 다가가 손을 내밀었다.

"아저씨, 정말 좋은 경기였어요."

거인은 감성빈의 손을 보며 느릿느릿 일어났다.

"내가 완전히 졌다. 멋진 경기였어. 좋다! 약속한 대로 성에 들어가게 해 주마."

거인은 굳게 닫힌 육중한 성문으로 다가가 한쪽 성문을 천천히 밀었다. 그러자 조금 전에 들렸던 날카로운 금속성의 소리와 함께 성문이 조금씩 열렸다.

"자, 들어가거라."

세 아이는 거인에게 꾸벅 인사했다.

"감사합니다, 아저씨."

세 아이는 떨리는 가슴을 안고 성문으로 향했다. 저 성문 안으로 들어가면 사람들의 말처럼 괴물을 만날지도 모르고, 같은 자리를 계속 맴돌지도 몰랐다. 세 아이는 잠시 눈짓을 주고받았다. 그리고 천재인이 뒤따라오는 시장 아들에게 말했다.

"너는 여기에 남는 것이 좋겠어."

"뭐? 왜? 나도 들어갈래!"

"네가 따라오면 네 아빠를 구하는 일이 더 어려워질 거야. 저 안에서 어떤 무서운 것을 만날지 모르는데, 너를 신경 쓰느라 우리도 위험해질 수 있거든. 그러니까……."

"우리가 네 아빠를 꼭 구해 올 테니까 여기서 기다려. 우리 믿지?"
감성빈이 자상하게 말을 보탰다. 감성빈의 말에 시장 아들은 눈물을 글썽이며 고개를 끄덕였다. 그리고 감성빈을 꼭 안았다.

"꼭 우리 아빠를 구해 줘. 꼭!"

천재인, 감성빈, 온누리는 시장 아들을 남겨 두고 성안으로 들어갔다. 그러자 쿠쿠쿠쿠궁 육중한 소리와 함께 성문이 쾅 닫혔다. 그리고 문 위로 글자가 나타났다.

'축하합니다. 불사조 팀 미션 성공입니다. 불사조 팀의 현재 종합 순위는 3위입니다.'

순위가 9위에서 3위로 껑충 뛰어올랐지만, 세 아이는 닫힌 성문을 말없이 쳐다보기만 했다. 문 뒤에서 애태우고 있을 시장 아들 생각이 머리에서 떠나지 않았기 때문이었다.

"우리, 시장님을 구해 낼 수 있겠지?"

온누리의 나직한 속삭임에 감성빈과 천재인이 힘 있게 대답했다.
"당연하지! 거인도 이겼는데 뭘 못하겠어?"
"맞아. 빨리 시장님을 구하러 가자!"
세 아이는 성안으로 힘차게 달려갔다.

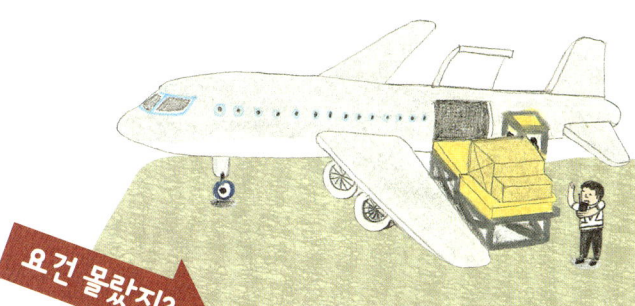

요건 몰랐지?

비행기의 무게 중심을 잡는 로드 마스터

비행기는 무게 중심이 정말 중요해. 비행기가 무게 중심을 잘 잡지 못하면 이륙하기도 힘들지만, 겨우 이륙했다 해도 비행기가 한쪽으로 기울어져 날아가기 힘들고, 거센 바람에 균형을 잡지 못해 추락할 수도 있거든. 종이비행기를 날릴 때를 생각해 봐. 위로 솟구치거나 아래로 곤두박질할 때가 있지? 그게 바로 무게 중심이 잘 잡혀 있지 않기 때문이야.

그래서 무게 중심을 잡는 전문가, '로드 마스터'라는 직업이 있어. 화물을 싣는 비행기인 화물기는 연료와 화물을 실으면 이륙 직전의 무게가 350톤이나 되니 무게 중심을 잡기가 정말 어렵겠지? 로드 마스터는 어느 부분에 어떤 짐을 얼마나 실을지 꼼꼼히 따져서 비행기가 무게 중심을 잘 잡도록 하지. 비행기의 안전한 비행을 책임지는 아주 중요한 일이야.

씨름

씨름이란?

'씨름'은 두 사람이 샅바를 붙잡고 힘과 기술을 겨루는 우리나라 고유의 민속 경기야. 씨름 경기는 원형 모래판에서 치러지지. 선수는 베나 광목으로 만든 튼튼한 천인 샅바를 오른쪽 허벅다리와 허리에 걸쳐 매. 그리고 두 선수가 모래판에 올라가 마주 앉아서 서로 오른쪽 어깨를 맞대고 오른손으로는 상대방의 허리 샅바를, 왼손으로는 상대방의 다리 샅바를 잡은 뒤 동시에 일어나. 그러고 나서 심판의 신호에 따라 경기를 시작하는데, 무릎 이상의 부분이 모래판에 먼저 닿은 선수가 경기에서 지게 되지.

경기는 일반적으로 3판 2승제가 원칙이야. 한 판에 주어진 경기 시간은 1분, 여러 판을 할 경우에는 1분의 휴식 시간이 주어져. 경기가 계속 무승부일 때에는 경고나 주의를 받은 선수가 지는데, 이로써도 승패를 가릴 수 없으면 몸무게가 가벼운 쪽이 이기지.

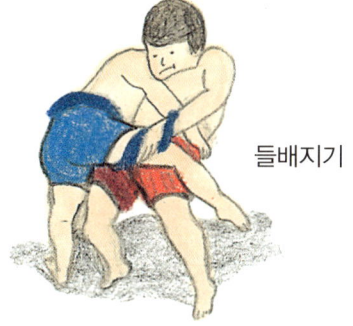
들배지기

씨름의 기술

 씨름은 흔히 덩치가 크면 유리하다고 생각하겠지만, 덩치보다는 힘과 몸의 중심을 어떻게 이용하느냐가 더 중요해. 그래서 씨름에는 상대 몸의 중심을 무너뜨리는 여러 가지 기술이 있어. 기술을 이용하면 상대의 힘을 거스르지 않고 그 힘과 자기의 힘을 합쳐 상대를 넘어뜨릴 수 있지.

 상대를 공격하는 공격 기술에는 허리 기술, 다리 기술, 손 기술, 둘 이상의 기술을 이어서 하는 종합 기술이 있어. 허리 기술은 상대를 자기 앞으로 끌어당겨 위로 들어 올린 다음 옆으로 넘어뜨리는 거야. 대표적인 기술로 들배지기가 있지. 다리 기술은 자신의 다리와 발로 상대의 다리를 걸어 뒤로 밀거나 옆으로 쓰러뜨리는 기술인데, 밭다리 걸기, 안다리 걸기 등이 있어. 손 기술은 손으로 상대의 다리를 당기거나 밀어 넘어뜨리는 기술인데, 앞무릎 치기, 뒷무릎 치기 등이 있지.

 그런데 씨름 기술에는 공격 기술뿐만 아니라 방어 기술도 있어. 방어 기술인 되치기는 상대가 기술을 걸 때 상대의 힘을 되받아 메침으로써 자신을 방어하고 역으로 공격까지 하는 기술이지.

무게 중심

무게 중심이란?

지구가 물체를 끌어당기는 힘의 크기를 '무게'라고 해. 그리고 무게를 가진 물체에는 전체 무게가 모여 있는 것처럼 느껴지는 한 점이 있어. 그게 바로 '무게 중심'이야. 물체의 무게 중심을 잘 받치면 기울지 않고 수평을 이룰 수 있어. 이때, 무게 중심이  되도록 낮은 위치에 있어야 물체가 균형을 잃지 않고 안정적으로 있을 수 있지. 그렇다면 무게 중심이 어디에 있는지 어떻게 알 수 있을까? 물체의 어떤 점을 줄에 매달거나 손가락으로 받쳤을 때 기울어지거나 떨어지지 않고 수평을 이룬다면, 바로 그 점이 무게 중심이야.

무게 중심과 받침점

물체가 안정적으로 수평을 이루고 있을 때 무게 중심을 받치는 곳을 '받침점'이라고 해. 만일 무게 중심이 받침점을 벗어나면 기울어지거나 쓰러지지. 예를 들어 볼까? 우리 몸의 무게 중심은 가만히 서 있을 때 배꼽에서 조금 아래에 있어. 그리고 받침점은 두 발이지. 이때에는 무게 중심이 받침점을 벗어나지 않기 때문에 안정적으로 서 있을 수 있지. 그런데 누가 나를 밀면 어떻게 될까? 무게 중심이 받침점인 두 발을 벗어나게 돼. 그러면 기울어지거나 넘어지고 말지.

  이탈리아 피사에 있는 피사의 사탑은 기울어져 있는 것으로 유명해. 이 탑이 쓰러지지 않는 것도 같은 이유야. 탑의 무게 중심이 아직은 양쪽 끝에 있는 받침점을 벗어나지 않고 그 사이에 있기 때문이지. 하지만 만일 탑이 더 기울어져 무게 중심이 받침점을 벗어나게 된다면? 그때에는 바로 쓰러지고 말 거야.

납치된 시장은 어디에?

　무니꽝다쳐스 성의 성문 안에는 매우 넓은 정원이 자리하고 있었다. 하지만 말이 정원이지, 꽃과 나무는 모두 말라비틀어져 있었고, 검은 안개마저 자욱해 마치 공동묘지처럼 보였다. 세 아이는 빨리 이 정원을 벗어나고 싶었지만 쉽지 않았다. 검은 안개 때문에 앞이 잘 보이지 않았기 때문이었다. 온누리는 정원의 음산한 모습에 잔뜩 겁을 먹고 천재인의 옆에 찰싹 붙어 걸었다. 그런데 감성빈마저 두 사람의 등 뒤에 바짝 붙는 바람에 세 사람의 발이 자꾸 엉켰다.
　"아이코!"
　"감성빈, 온누리, 너무 붙지 마. 자꾸 걸려 넘어지잖아."
　천재인에게 버림받은 온누리와 감성빈은 손을 꼭 잡고 주변을 둘러보았다.
　"온누리, 도대체 얼마나 걸어가야 성이 나올까? 검은 안개 때문에 앞이 잘 안 보여."

"어, 저기 지붕이 보인다. 거의 다 온 것 같아."

천재인이 가리킨 쪽에 뾰족한 첨탑이 희미하게 보였다. 그 첨탑을 향해 걸어가자 곧 웅장한 집이 나왔다. 그 집 또한 성벽처럼 커다란 돌로 지어져 있었다. 게다가 창문에는 검은색 유리가 끼워져 있어, 창문을 통해 집 안을 전혀 들여다볼 수 없었다.

"어떡하지? 바로 안으로 들어가야 하나?"

"그래도 될까? 사람들의 말대로 괴물이 있을지도 모르잖아. 납치범들을 만날 수도 있고."

집만 보고도 겁에 질린 감성빈과 온누리는 이러지도 저러지도 못한 채 발만 동동 굴렀다. 그러자 천재인이 단호한 목소리로 말했다.

"하지만 여기서는 아무것도 알아낼 수 없잖아. 시간이 없어. 그냥 들어가자."

무작정 문 쪽으로 걸어가는 천재인을 감성빈과 온누리가 허둥거리며 쫓아갔다.

"천재인, 자, 잠깐만!"

감성빈이 다급히 천재인을 불렀지만, 이미 천재인은 집의 현관문을 열고 있었다.

"끼이이이익."

문이 기분 나쁜 소리를 내며 열렸다. 세 아이는 문틈으로 재빨리 집 안을 살펴본 뒤, 조심스럽게 들어갔다. 집의 한가운데에는 넓은 홀이 있었다. 높은 천장과 수십 개의 기둥이 서 있는 홀은 촛불 몇 개만이 켜져 있을 뿐, 텅 비어 있었다. 괴물이나 납치범들은 보이지 않았다.

"아무도 없나 봐."

"잘됐다. 빨리 흩어져서 시장님이 있는 곳을 찾아보자."

감성빈과 천재인이 말을 주고받는 그때, 세 아이가 열고 들어온 문이 쾅 닫혔다. 그와 동시에 정체불명의 목소리가 집 안을 쩌렁쩌렁 울렸다.

"용케 성안으로 들어왔군! 그래도 너희가 찾는 시장은 결코 만날 수 없을 것이다. 시장은 이 집의 가장 은밀한 곳에 갇혀 있기 때문이지. 시장을 찾고 싶다면 이 집에 있는 방들의 비밀을 풀어야 한다. 너희의 실력이 어느 정도인지 한번 볼까? 우하하하!"

세 아이는 그 목소리를 듣고 소름이 쫙 돋았다. 천재인이 곧 정신을 가다듬었다.

"방들의 비밀을 풀어야 시장님이 갇힌 곳을 알 수 있다, 이거지?"

"응. 그런데 이 정도로 커다란 집이면 방도 엄청 많을 텐데, 언제 다 찾지?"

온누리가 주위를 둘러보며 말했다. 세 아이는 그 자리에서 빙빙 돌며 방의 개수와 위치를 알아보려 했다. 하지만 어둠 속에 가려진 부분이 보이는 부분보다 더 많아 쉽지 않았다.

"안 되겠다. 각자 흩어져서 찾아보자."

천재인의 말에 감성빈과 온누리가 컴컴한 복도를 쳐다보았다. 빛이 닿지 않는 그곳에 무엇이 숨어 있을지 상상만 해도 두려웠다. 두 아이는 애절한 눈빛으로 천재인을 바라보았다.

"너무 어두워서 혼자 가기 좀 그런데……."

"그, 그래. 온누리 말이 맞아. 우리 셋이 같이 다니면 안 될까?"

"그럼, 너희 둘이 같이 다녀. 난 혼자 찾아볼게."

천재인은 벽에 걸린 촛대 두 개를 뽑아 두 아이와 하나씩 나누어 가진 뒤, 이렇게 덧붙였다.

"난 왼쪽을 찾아볼게. 너희는 오른쪽을 찾아봐."

"방에서 무얼 찾으면 될까?"

"그건 나도 잘 모르겠지만, 대신 조금이라도 이상한 게 있으면 소리를 지르자."

"좋아. 온누리, 출발하자."

"알았어. 그럼, 끝나고 여기 중앙 홀에서 다시 만나."

천재인과 헤어진 온누리와 감성빈은 오른쪽 복도를 걸어갔다. 복도는 동굴처럼 어두컴컴했고, 그 끝이 전혀 보

이지 않았다.

"이쪽에는 방이 없는 거 같은데······."

"어! 온누리, 저거 방문 아냐?"

감성빈과 온누리는 첫 번째 방을 찾아냈다. 그런데 그 방은 어찌나 넓은지 온누리가 사는 집 한 채가 다 들어가고도 남을 정도였다. 온누리가 입을 딱 벌리며 놀라워했다.

"우아, 진짜 넓다."

"그러게 말이야. 그런데 가구가 하나도 없네."

감성빈의 말대로 방에는 아무것도 없었다. 그래서 두 아이는 벽 쪽으로 다가갔다. 온누리는 벽에 걸린 장식물을 살펴보았다. 그 장식물은 언뜻 보기에 시계처럼 생겼지만, 넓적한 판에는 숫자 대신 여러 가지 모양이 새겨져 있었고, 시침과 분침 대신 화살표 모양의 긴 막대가 하나 붙어 있었다.

"시계인데 고장 난 건가?"

온누리가 장식물을 보는 사이, 감성빈은 다른 벽에 걸린 커다란 그림으로 다가갔다.

"온누리, 여기 그림이 있어."

온누리가 그쪽으로 다가갔을 때, 감성빈을 고개를 갸우뚱거리며 그림을 보고 있었다.

"사람들이 많이 있는데, 뭐 하는 거지? 제사를 드리는 건가? 온누리, 이거 제사상처럼 보이지 않아?"

감성빈이 가리킨 곳을 보며 온누리가 대답했다.

"그런 것 같은데? 이쪽에서는 어른들과 아이들이 동그란 음식을 먹고 있어. 옷을 보니 우리나라는 아니고, 중국 같은데?"

"흠, 유럽풍의 성에 동양의 모습이라……. 인테리어가 독특한걸?"

두 아이는 계속해서 다른 벽도 살펴보았다. 하지만 시계처럼 생긴 장식물과 그림 이외에는 아무것도 없었고, 벽 사이의 틈도 없었다.

"다른 방도 찾아보자."

방에서 나온 두 아이는 복도를 따라 한참 걸어갔다. 그러자 두 번째 방이 나타났다. 그 방도 첫 번째 방과 똑같았다. 매우 넓었지만, 텅 비어 있었다. 온누리는 이곳에서도 장식물을 발견했다.

"여기 있는 장식물도 첫 번째 방처럼 막대기가 하나뿐이야. 고장 난 시계가 아니라 원래 이렇게 만든 건가 봐. 이게 방의 비밀일까?"

그러자 감성빈이 다른 벽에서 그림을 발견했다.

"여기도 첫 번째 방처럼 커다란 그림이 있어."

감성빈 쪽으로 다가간 온누리가 그림을 살펴보며 말했다.

"아이들이 많이 그려져 있네?"

"응. 여기 있는 아이는 어른에게 선물을 받는 것 같아. 이쪽의 아이는 등을 들고 있고. 가면을 쓰고 노는 애들도 있어. 흠……. 아까는 어른들이 제사를 지내는 그림인데, 여기는 애들이 노는 그림이라……."

감성빈의 말에 온누리도 다시 한 번 그림을 보았다. 아이는 동그란 케이크 같은 것을 선물로 받고 있었다. 온누리는 아이에게 선물을 주는

여자가 베트남 전통 의상인 아오자이를 입었음을 깨달았다.

"옷을 보니까 베트남 사람을 그린 것 같아. 첫 번째 그림은 중국이었는데. 그림에 공통점이 있는 걸까?"

"글쎄……. 장식물은 똑같지만, 그림은 동양의 모습을 그렸다는 것 외에는 사람 숫자도 다르고, 내용도 달라. 그리고 첫 번째 방의 그림은 유화인데, 이 그림은 수채화야. 흠……. 뭐가 뭔지 모르겠다."

온누리와 감성빈은 장식물과 그림의 연관성을 찾아보려고 했지만, 도통 알 수가 없었다.

"또 다른 방을 찾아봐야 할 것 같아."

온누리의 말에 두 아이는 복도를 다니며 다른 방을 찾아보았다. 하지만 오른쪽 복도에 있는 방은 그 두 개가 끝이었다. 하는 수 없이 두 아이는 천재인과 만나기로 한 중앙 홀로 걸어갔다. 그곳에는 이미 천재인이 와 있었다.

"천재인, 뭐 좀 찾아냈어?"

감성빈의 물음에 천재인은 어깨를 가볍게 으쓱했다.

"저쪽에는 방이 두 개뿐이었어. 방 안에 가구는 없었고. 너희는?"

"우리도 마찬가지야. 저쪽에도 방이 두 개뿐인데, 가구는 하나도 없고, 방마다 시계처럼 생긴 장식물이랑 그림만 있었어."

"시계처럼 생긴 장식물?"

"응, 동그란 판에 화살표 모양의 막대기가 하나 있었어. 그래서 처음엔 시계인 줄 알았는데, 자세히 보니까 판에 숫자가 아니라 여러 가지 모양이 새겨져 있더라고."

온누리의 설명에 천재인은 기억을 더듬으며 물었다.

"혹시 그 모양이라는 것이 동그라미, 반원, 뭐 이런 거 아니었어?"

"맞아."

"내가 찾아낸 두 방에도 똑같은 장식물이 있었어. 그럼 네 개의 방에 모두 그 장식물이 있다는 이야기네?"

천재인의 말에 온누리가 손뼉을 쳤다.

"그렇다면 그 장식물이 방의 비밀을 푸는 열쇠인가 봐."

"다시 방에 가 보자."

천재인의 제안에 세 아이는 천재인이 조사한 왼쪽 복도의 첫 번째 방으로 들어갔다. 온누리가 방에 걸린 시계처럼 생긴 장식물을 자세히 살펴보았다.

"내가 본 거랑 크기도 모양도 똑같아."

"판에 새겨진 모양은 무엇을 뜻하는 걸까? 그리고 저 화살표는 뭐지?"

"글쎄……."

온누리와 천재인이 장식물을 보는 사이, 감성빈은 촛불을 들고 방을 돌아다녔다. 그리고 벽에 걸린 그림을 발견했다.

"온누리, 이 방에 있는 그림은 다른 방의 그림과 또 달라. 이건 한복을 입은 건가?"

온누리와 천재인도 그림 쪽으로 다가갔다. 그 그림은 온누리와 감성빈이 본 그림처럼 아주 컸다. 그림 속의 사람들은 한복을 입고 제사를 지내고 있었고, 한쪽에서는 음식을 만들고 있었다.

"이건 우리나라의 모습인데? 그런데 여기도 제사를 지내네."

그때, 천재인이 말했다.

"옆방에도 그림이 있었어. 그 그림도 우리나라의 모습 같던데……."

그 순간, 감성빈이 소리쳤다.

"그렇다면 네 방에 모두 저 동그란 시계처럼 생긴 장식물과 그림이 있다는 거잖아. 그 두 개가 방의 비밀을 말해 주는 게 확실해!"

감성빈의 말에 세 아이는 또 다른 방으로 뛰어갔다.

네 개의 그림과 비밀

천재인의 말대로 옆방의 그림도 우리나라의 모습을 담고 있었다. 그림 속의 사람들은 한복을 입었고, 초가집과 밭이 그려져 있었다. 그리고 마당의 평상 위에서 가족으로 보이는 사람들이 뭔가를 먹고 있었다.

그림을 본 감성빈은 마치 전문가처럼 분석을 시작했다.

"네 그림 모두 생활상을 담은 풍속화 같아. 하지만 온누리와 갔던 오른쪽 첫 번째 방과 우리 셋이 본 왼쪽 첫 번째 방의 그림은 유화였어. 오른쪽 두 번째 방의 그림은 수채화, 이 방의 그림은 수묵 담채화야."

그러자 그림을 잘 모르는 천재인이 물었다.

"수묵 담채화가 뭐야?"

"동양화의 한 종류인데, 먹색을 기본으로 하고 그 위에 여러 색깔을 엷게 칠하는 그림을 말해."

"그럼, 그림에 사용된 재료에는 공통점이 없다는 거네?"

천재인의 말에 감성빈이 팔짱을 낀 채 고개를 끄덕였다.

"천재인 네 말대로 재료는 힌트가 아닌 것 같아."

"그럼 이 그림들은 아무 상관이 없는 걸까?"

감성빈은 눈을 감고 머릿속에 담아 둔 그림들을 하나씩 떠올렸다.

"공통점이 있다면 모든 그림에 사람들이 많이 그려져 있고, 음식도 그려져 있었어."

그때, 온누리가 평상 위에 있는 사람들을 가리키며 물었다.

"이 사람들이 먹고 있는 것, 뭐 같아?"

온누리의 질문에 천재인과 감성빈이 까치발을 하며 그림을 들여다보았다. 천재인이 말했다.

"땅콩이랑 호두 같은데?"

"그렇다면 이 그림은 정월 대보름을 그린 것 같은데?"

"엥?"

온누리의 말에 천재인이 고개를 돌려 그림의 뒤쪽을 쳐다보았다. 밭 한가운데에 모닥불처럼 보이는 큰 불이 있고, 그 주위에서 아이들이 뭔가를 빙빙 돌리고 있었다.

"아, 그럼 저 뒤에서는 달집태우기랑 쥐불놀이를 하는 거구나!"

"정월 대보름? 쥐불놀이?"

어릴 때 외국으로 간 감성빈은 정월 대보름이나 쥐불놀이가 생소한 것 같았다. 그래서 온누리가 설명해 주었다.

"정월 대보름은 음력 1월 15일이야. 정월 대보름에는 온 동네 사람들이 함께 줄다리기를 하거나 나뭇가지를 쌓아 만든 달집을 태우는 달집 태우기를 하면서 풍년을 기원하고, 깡통에 불을 넣어 빙글빙글 돌리는 쥐불놀이를 해. 그리고 땅콩이나 호두 같은 딱딱한 열매를 깨물어 먹는 부럼 깨기를 하는데, 그러면 한 해 동안 부스럼이 생기지 않는대. 내가 아주 좋아하는 명절이지…… 어? 어?"

설명을 하던 온누리가 갑자기 눈을 크게 뜨며 이상한 소리를 내기 시작했다. 천재인과 감성빈은 그 모습에 깜짝 놀라며 온누리를 보았다.

"왜 그래? 뭐가 나타났어?"

두 아이가 허둥거리며 소리치자 온누리가 나지막한 목소리로 대답했다.

"나, 그림들의 공통점이 뭔지 알 것 같아."

"뭐? 그게 뭔데?"

"명절이야, 명절! 옆방 그림은 추석의 모습을 그린 거였어. 추석에는 사람들이 모여서 송편을 빚고 조상들께 차례를 지내잖아."

"아, 그러고 보니 그러네."

감성빈이 맞장구를 쳤다. 천재인도 고개를 끄덕였다.

"하지만 다른 그림 두 개는? 중국과 베트남 사람들 같다고 했잖아."

감성빈의 질문에 온누리는 막힘없이 대답했다.

"명절은 우리나라에만 있는 게 아니야. 다른 나라에도 비슷한 명절이 있지. 너랑 내가 갔던 첫 번째 방의 그림은 중국 중추절의 모습이었어. 중추절은 우리나라의 추석과 같은 명절이야. 중추절에는 달에 제사를

올려. 가족이 모여 월병이라는 둥근 떡처럼 생긴 음식을 나눠 먹고."

감성빈이 기억난다는 듯 손뼉을 쳤다.

"한쪽에서 사람들이 먹던 동그란 음식이 월병이구나. 그럼 두 번째 그림은? 무슨 명절인지 알겠어?"

"그건, 베트남의 중추절인 것 같아. 쭝투라고도 하지. 이날은 중국의 중추절과 우리나라의 추석처럼 음력 8월 15일인데, 어린이를 위한 행사가 많아. 대개 어른들이 아이들에게 선물을 주지. 그 그림에서 어른이 동그란 케이크처럼 생긴 걸 주잖아? 그건 아마 베트남식 월병인 반 쭝투인 것 같아. 그러니까……."

온누리는 확신에 찬 목소리로 말했다.

"네 그림 모두 명절의 모습을 그린 거였어!"

어려운 수수께끼를 풀었다는 뿌듯함에 온누리는 만세를 불렀다.

"와, 온누리 너 정말 모르는 것이 없구나. 대단한걸?"

감성빈은 대견하다는 듯 흡족한 미소를 지었다. 하지만 어쩐 일인지 천재인은 시큰둥했다.

"야, 천재인. 넌 표정이 왜 그래? 온누리의 말이 틀린 것 같아?"

감성빈이 못마땅하다는 투로 말하자, 천재인은 고개를 가로저었다.

"아냐. 나도 온누리가 찾아낸 것이 맞다고 생각해. 다만, 명절이라는 것이 방의 비밀을 푸는 열쇠가 맞는지 그걸 생각하느라……."

그러면서 천재인은 시계처럼 생긴 장식물을 물끄러미 쳐다보았다. 온누리와 감성빈은 그림의 공통점을 알아내는 데 집중하느라 장식물에 대해 깜빡 잊고 있었다는 것을 깨달았다. 세 아이는 다시 침울해진 얼굴로 장식물에 다가갔다.

화살표를 돌려라!

"하나, 둘, 셋, 넷, ……. 모두 여덟 개."

말없이 장식물을 보던 온누리와 천재인이 정적을 깨는 목소리에 고개를 돌렸다.

"뭐 해, 감성빈?"

"장식물의 판에 새겨진 모양이 몇 개인지 세어 보는 거야. 그냥 있으려니 심심해서."

그러자 감성빈처럼 온누리도 중얼거리기 시작했다.

"여덟 개라……. 모양이 모두 다른데, 저건 초승달처럼 보인다."

"오, 온누리. 그럴 듯한데? 꼭 천재인 같은 분석이었어!"

"히히히."

두 아이가 장난을 치며 웃는 사이, 천재인이 긴장한 표정으로 장식물에 바짝 다가갔다.

"온누리 네 말이 맞는 것 같아. 이건, 달의 모양을 그려 놓은 거야."

감성빈과 온누리는 어리둥절한 표정으로 천재인을 쳐다보았다.

"달의 모양?"

"그래. 달은 약 30일 주기로 모양이 바뀌는데, 여기 새겨진 모양이 그걸 나타내는 거야."

천재인은 손가락으로 맨 위에 있는 동그라미를 가리키며 말했다.

"여기 그려진 밝은 동그라미는 보름달이야. 보름달은 시간이 지나면 차츰 기울어 하현달이 됐다가 그믐달이 된 다음 완전히 보이지 않는 삭이 돼. 그리고 다시 달이 차오르면 초승달에서 상현달이 되고 다시 보름달이 되지. 확실해! 이건 달의 모양 변화를 그려 놓은 거야."

감성빈과 온누리는 신기한 눈으로 장식물을 쳐다보았다. 그리고 감성빈이 막대기를 가리켰다.

"그러면 이 화살표 모양 막대기는 뭘까?"

"시계의 분침이나 시침처럼 이 막대기를 움직여서 달의 모양을 가리키는 게 아닐까? 그런데 어느 달의 모양을 가리켜야 할까?"

온누리의 말에 감성빈이 고개를 갸웃하며 중얼거렸다.

"글쎄……. 혹시 아까 우리가 찾아낸 그림의 공통점인 명절과 관계가 있지 않을까?"

감성빈의 말에 무엇인가 떠오른 듯, 천재인이 온누리를 쳐다보았다.

"온누리! 너 아까 추석이랑 베트남의 중추절이 음력으로 8월 15일이라고 했지?"

"응."

"그럼 중국의 중추절하고 정월 대보름은?"

"중국의 중추절도……."

온누리는 천재인의 질문에 대답하며 무언가를 깨달은 듯 소리쳤다.

"아, 똑같이 음력 8월 15일이다! 어, 그런데 정월 대보름은 1월이야. 날짜가 달라."

8월 15일이 비밀의 열쇠일 거라고 생각했던 온누리는 안타깝다는 표정을 지었다. 하지만 천재인은 여전히 기대에 찬 눈으로 온누리를 바라보았다.

"혹시 정월 대보름도 15일 아냐? 음력으로 15일."

"맞아. 음력 1월 15일이야."

그러자 천재인이 온누리와 감성빈의 손을 붙잡고 펄쩍펄쩍 뛰었다.

"그래, 음력 15일이었어. 그게 방의 비밀을 푸는 열쇠였어!"

온누리와 감성빈도 덩달아 천재인의 손을 잡고 뛰긴 했지만, 어리둥절한 표정이었다.

"천재인, 천재인! 나랑 감성빈에게도 설명해 줘. 우린 모르겠어."

"그래, 난 음력이 뭔지도 모른단 말이야."

그러자 천재인이 뛰기를 멈추고 머리를 긁적이며 말했다.

"미안. 내가 너무 흥분했어. 일단 음력이 뭔지 설명해야겠네. 내가 장식물의 모양이 달의 모양 변화를 알려 준다고 했지? 왜 달의 모양이 바뀌는지 알아?"

"나랑 감성빈은 잘 모르지."

"음……. 감성빈, 잠깐 이리로 와 봐."

천재인은 감성빈의 손에 촛대를 쥐어 주더니, 그 앞에 자신의 두 주먹을 나란히 세웠다.

"촛불이 태양, 내 오른손이 지구, 왼손이 달이라고 하자. 달은 스스로 빛을 내지 못하고 태양 빛을 반사해서 밝게 보여. 그래서 태양 빛을 받는 부분은 밝고, 그렇지 못한 부분은 어둡게 보이지. 그런데 달은 지구 주위를 돌잖아? 그러면서 태양 빛을 받는 부분과 그렇지 못한 부분이 점점 바뀌기 때문에 달의 모양이 바뀌는 거야. 이렇게 태양, 지구, 달 순으로 있으면 지구에서 보이는 달의 면 전체가 햇빛을 받아 빛나는데, 이게 바로 보름달이야. 하지만 태양과 지구 사이에 달이 있으면 달의 뒷면만 햇빛을 받고 지구에서 보이는 부분은 컴컴해서 안 보여. 이를 삭이라고 하지."

설명을 듣던 감성빈이 물었다.

"그런데 달의 모양이 바뀌는 게 음력과 무슨 상관이 있어?"

"응, 그건 달의 모양이 바뀌는 주기가 약 30일이라는 것과 상관이 있어. 옛날 사람들은 매일 달이 뜨고 지는 시각과 달의 모양을 관찰해서 이 사실을 알아냈어. 그리고 이를 이용해 달력을 만들었는데, 그게 바로 음력이야."

"옛날 사람들은 달의 모양으로 날짜를 알았다는 말이야?"

"맞아, 온누리. 음력에 따르면 초승달은 음력 3일에 뜨고, 상현달은

음력 7일에 떠. 그리고 보름달이 뜨는 날은 바로 음력 15일이야!"

그 순간, 세 아이는 동시에 장식물을 바라보았다. 감성빈이 추리를 했다.

"네 개의 그림이 가리키는 명절은 모두 음력 15일이니까, 그때 뜨는 달은 모두 보름달. 그럼, 저 막대기의 화살표가 보름달을 가리키도록 하면 방의 비밀이 풀리겠네?"

"그렇지! 그러니까 각자 흩어져서 다른 방에 있는 화살표를 모두 보름달을 가리키게 돌려 놓자. 그리고 이 방에 다시 모이자."

　천재인의 말이 끝나기가 무섭게 세 아이는 번개처럼 방에서 뛰어나가 다른 방으로 향했다. 그리고 각 방에 있는 장식물의 화살표가 보름달을 가리키도록 돌린 뒤, 모였던 방으로 돌아왔다.
　"이제 이것만 돌리면 돼."
　천재인이 긴장한 목소리로 말했다. 세 아이는 굳은 표정으로 장식물의 막대기를 돌려 보름달을 가리키도록 했다. 그 순간, 갑자기 세 아이의 몸이 심하게 흔들리기 시작했다.
　"어어어! 집이 무너지나 봐!"

온누리의 비명에 천재인과 감성빈이 온누리를 껴안고 엎드렸다. 하지만 무너진 것은 집이 아니라 아이들이 서 있던 바닥이었다.

"으아아아아악!"

세 아이는 엄청난 굉음과 함께 땅속으로 사라졌다.

요건 몰랐지?

음력을 처음 만든 메소포타미아 인

지금처럼 1년을 12달로 나누고 하루를 24시간, 1시간을 60분, 1분을 60초로 나눈 것은 고대 메소포타미아 인이야. 메소포타미아 인은 서아시아에 있는 티그리스 강과 유프라테스 강 사이에서 농사를 지으며 살았는데, 땅이 기름져 농작물이 잘 자라 매우 풍요로운 생활을 했지.

메소포타미아 인들은 태양보다 달을 더 숭배했어. 달은 왕권의 상징이자 신탁을 내리고 정의를 판결하는 역할을 한다고 믿었기 때문이지. 그래서 달에 제사를 지내는 제사장들은 늘 달을 관찰했어. 그러다 보니 달이 차고 기우는 것이 29.5일로 매우 규칙적이라는 것을 깨달았지. 그래서 달이 차고 기우는 주기인 29.5일을 한 달로 하고, 달이 12번 차고 기우는 것을 1년으로 하는 달력, 즉 음력을 만들었어.

우리나라와 세계의 명절

우리나라의 명절

'명절'은 한 나라나 민족이 자연적, 계절적, 민속적, 역사적인 특징에 따라 중요한 의미를 부여한 날이야. 그래서 명절에는 큰 행사를 벌이지.

우리나라의 대표 명절은 대부분 음력과 관계가 깊어. 음력 1월 1일인 설에는 새 옷인 설빔을 입고 조상들께 차례를 지낸 다음, 어른들에게 세배를 하고 떡국을 먹어. 복조리를 걸고 윷놀이, 널뛰기, 연날리기 같은 놀이를 하며 새해를 맞지. 음력 1월 15일인 정월 대보름에는 밤, 호두, 땅콩 등의 딱딱한 열매인 부럼을 깨물고 오곡밥과 묵은 나물을 먹지. 그리고 달집태우기, 줄다리기, 쥐불놀이와 같은 놀이를 해.

음력 5월 5일인 단오에는 여자는 창포물에 머리를 감고 그네를 뛰며, 남

자는 씨름을 해. 추석은 음력 8월 15일로, 햅쌀로 빚은 송편과 햇과일을 준비해 조상들께 차례를 지내고, 강강술래, 씨름, 활쏘기 등을 하지.

세계의 명절

다른 나라에도 우리나라의 명절과 같이 수확과 조상에 대한 감사, 가족 간의 사랑을 표현하는 의미를 지닌 명절이 있어. 몇 가지 알아볼까?

중국에는 우리나라의 추석처럼 음력 8월 15일인 중추절이 있어. 중추절에는 달에 제사를 지내고 달구경을 하면서 월병이라는 둥근 과자를 먹지. 베트남에도 중추절이 있어. 쭝투라고도 하는 이날은 역시 음력으로 8월 15일인데, 주로 어린이가 즐기는 명절이야. 어린이들은 어른들에게 선물을 받고, 연등 행사, 가면 만들기 등 다양한 행사에 참여하지. 속을 달걀이나 돼지고기로 채운 '반 쭝투'라는 빵을 가족, 친구, 이웃들이 함께 나누어 먹어.

미국의 대표 명절인 추수 감사절은 11월 마지막 주 목요일이야. 가족이 한자리에 모여서 칠면조 고기와 호박 파이, 옥수수빵을 먹으며 즐거운 시간을 보내지.

핵심 콕콕 과학

달의 모양 변화

달의 모양은 왜 달라질까?

한 달 동안 매일 같은 장소에서 달의 모양을 관찰하면 달의 모양이 조금씩 달라지는 것을 알 수 있어. 보름달에서 하현달, 그믐달, 초승달, 상현달로 변했다가 다시 보름달이 되지. 그 이유가 무엇일까?

지구가 태양 주위를 도는 것처럼 달은 지구 주위를 돌아. 그런데 달은 스스로 빛을 내지 못해. 어? 달을 보면 환하게 빛나는데 무슨 말이냐고? 달이 우리 눈에 빛나 보이는 이유는 태양 빛을 받아서 반사하기 때문이지. 그런데 달이 지구 주위를 돌면서 태양 빛을 받는 부분이 다르게 보여. 그래서 달의 모양이 변하는 것처럼 보이지. 우리가 보는 달의 한 면이 모두 태양 빛을 받으면 보름달이고, 우리가 보는 면의 반만 태양 빛을 받으면 반달, 즉 상현달이나 하현달이지.

달의 모양 변화와 음력

달의 모양 변화에는 또 다른 규칙이 있어. 바로 보름달에서 다시 보름달이 되는 데 약 30일이 걸린다는 거야. 정확히 말하면 29일하고 12시간이 걸리지.

옛날 사람들은 매일 달이 뜨고 지는 시각과 모양을 열심히 관찰했어. 그 결과, 달의 모양이 규칙적인 주기로 바뀐다는 사실을 알아냈지. 그래서 이를 이용해서 달력을 만들었어. 이 달력을 '음력'이라고 하지. 음력에 따르면 달이 보이지 않는 삭은 음력 1일이야. 초승달은 음력 3일, 상현달은 음력 7일, 보름달은 음력 15일, 하현달은 음력 22~23일, 그믐달은 음력 27~28일에 뜨지. 그래서 음력 1월 15일인 정월 대보름과 음력 8월 15일인 추석에는 늘 하늘에 두둥실 뜬 보름달을 볼 수 있어.

제4장
지하 감옥을 탈출해라

본선 미션 네 번째

지하로 떨어진 아이들

시간이 얼마나 흘렀을까? 감성빈은 얼굴 위로 똑똑 떨어지는 물방울에 깜짝 놀라 일어났다. 그리고 재빨리 온누리와 천재인을 찾아 주변을 둘러보았다. 하지만 주위가 어두워 잘 보이지 않았다. 덜컥 겁이 난 감성빈은 두 아이의 이름을 있는 힘껏 외쳤다.

"온누리! 천재인! 온누리! 천재인! 어디 있어!"

그때, 조금 떨어진 곳에서 온누리의 목소리가 들렸다.

"여기! 나 여기 있어!"

온누리의 목소리를 듣자 감성빈은 안도감에 왈칵 눈물이 쏟아질 것 같았다. 감성빈은 깊게 심호흡을 한 뒤, 다시 말을 걸었다.

"너 무사해?"

"어, 난 괜찮아. 그리고 천재인도 여기 있어."

"기다려. 내가 그리 갈게."

감성빈은 자리에서 일어나 벽을 더듬거리며 온누리와 천재인이 있는 쪽으로 향했다.

가는 동안 어둠에 익숙해진 감성빈은 지금 있는 곳이 지하 동굴이라는 것을 깨달았다.

"감성빈! 여기야, 여기."

온누리와 천재인은 감성빈이 있던 곳에서 불과 몇 미터 떨어진 가까운 곳에 있었다. 세 아이는 어둠 속에서 서로의 손을 꼭 잡았다.

"진짜 다행이다. 깨어났을 때 네가 안 보여서 정말 놀랐어."

"나도 너랑 천재인이 없어서 엄청 무서웠어."

"그런데 여긴 어디야? 분명 바닥이 무너졌던 것 같은데."

"아까 오면서 봤는데, 지하 동굴 같아."

"지하 동굴? 그럼, 여기가 성의 가장 은밀한 장소?"

온누리가 조심스레 추측했다. 하지만 세 아이는 확신이 서지 않았다.

"아무래도 여길 조사해 봐야겠어."

세 아이는 천재인을 선두로 한 줄로 서서 동굴 속을 걸어 다녔다. 잠시 뒤, 천재인이 앞을 가리켰다. 저 멀리에서 불빛이 보였다.

"저기 빛이 보여. 누가 있나 봐."

"조심해. 악당들일지도 몰라."

세 아이가 조심스럽게 불빛을 향해 다가가자, 창살이 있는 감옥이 보였다. 감옥 주변 어디에도 사람은 보이지 않았다. 세 아이는 좀 더 다가가 창살 너머로 감옥 안을 살펴보았다. 감성빈이 감옥 안을 가리켰다.

"안에 사람이 있어."

감옥 안에는 한 남자가 잠들어 있었는데, 발목과 손목에 밧줄이 칭칭 감겨 있었다. 세 아이는 곤히 잠든 그 남자의 얼굴을 보고 납치된 시장이라는 걸 바로 알았다. 얼굴이 아들과 꼭 닮았기 때문이었다.

"시장님이다! 우리가 찾았어. 우리가 찾았다고!"

세 아이는 최대한 목소리를 낮춘 채, 폴짝폴짝 뛰며 온몸으로 기쁨을 표현했다. 온누리가 곧 정신을 가다듬었다.

"어서 시장님을 구출해서 여기를 빠져나가자."

"우선 감옥 문을 열 만한 것을 찾아야…… 어라?"

감옥 문을 살펴보던 천재인이 어이없다는 듯 말했다.

"문에 자물쇠가 채워져 있지 않아."

"진짜?"

온누리의 말에 천재인이 감옥 문을 열어 보였다. 그 모습에 온누리와 감성빈은 웃음이 터져 나왔다.

"이거, 일이 쉽게 풀리는걸?"

감성빈의 말처럼 일은 쉽게 풀리는 듯했다. 세 아이는 차례로 감옥 안에 들어가 시장을 흔들어 깨웠다. 하지만 시장은 깨어날 생각을 하지 않았다. 혹시나 하는 마음에 천재인이 가슴에 귀를 대 보았지만, 아무 이상이 없었다.

그런데 그때, 뒤에서 철컹 소리가 들렸다. 그러더니 기분 나쁜 목소리가 들리는 것이 아닌가.

"킥킥킥. 그 남자는 약에 취해 있어서 아무리 깨워도 일어나지 못해."

깜짝 놀란 세 아이가 뒤를 돌아보자, 감옥 창살 너머로 기묘하게 생긴 난쟁이가 보였다. 창백한 피부에 뾰족한 귀, 커다란 눈, 입술까지 내려오는 기다란 코를 한 난쟁이를 보고 세 아이는 소름이 돋았다. 그런데 더 끔찍한 것은 난쟁이가 감옥 문을 자물쇠로 잠갔다는 사실이었다. 난쟁이는 엄청 기쁜 듯, 들쭉날쭉 못생긴 이를 모두 드러내며 웃기 시작했다.

"캬캬캬. 신 난다, 신 나. 장난감이 또 늘어났네. 이게 웬 횡재야?"

난쟁이의 기분 나쁜 웃음소리에 세 아이의 머리카락이 쭈뼛 섰다. 감성빈이 간신히 물었다.

"자, 장난감? 우리를 말하는 거야?"

"응, 너희 셋. 난 이곳에 500년이나 있었어. 이 성의 주인이 나를 바깥에 내보내 주지 않았거든. 대신, 어쩌다 한 번씩 이렇게 장난감을 던져 주면 그 재미로 살았지. 오랜만에 들어온 저 남자가 너무 재미없어서 막 짜증이 났는데, 때마침 너희가 들어온 거야."

그러고 보니 시장은 잠을 자면서도 무엇이 그리 괴로운지 얼굴을 잔뜩 찡그리고 있었다.

"대체 시장님한테 무슨 짓을 한 거야?"

온누리의 질문에 난쟁이는 큰 눈을 무섭게 부릅뜨며 대답했다.

"노래와 춤으로 나를 즐겁게 해 달라고 했어. 그랬더니 겨우 다섯 시간 춤추고 노래하고선 힘들다고 주저앉아 버리는 거야. 그러고는 배고프다, 목마르다 하면서 나를 자꾸 귀찮게 하잖아. 그래서 잠드는 약초를 먹였지."

난쟁이는 감옥 주변을 천천히 걸으며 세 아이를 아래위로 훑어보았다.

"그러니까 너희도 내 말을 잘 듣는 게 좋을 거야, 키키키. 이제 무얼하며 놀까? 한 명은 노래를 하고, 한 명은 춤을 추고, 음....... 한 명은 뭘 하지? 키키키."

세 아이는 그때야 성에 들어온 사람들이 왜 다시는 성 밖으로 나오지 못했는지 깨달았다. 이 난쟁이가 성에 들어온 사람들을 감옥에 가두어

놓고 죽을 때까지 장난감처럼 갖고 놀았던 것이었다. 세 아이는 감옥 문을 흔들며 소리쳤다.

"우리를 내보내 줘!"

하지만 난쟁이는 아이들의 외침에 더 신 나는 듯 방방 뛰어다녔다.

"여기에 들어온 사람들 모두 그렇게 소리를 질렀지. 하지만……."

난쟁이는 어느새 아이들에게 바짝 다가와 커다란 눈을 데굴데굴 굴리며 말을 이었다.

"여기에 한번 들어온 이상 죽을 때까지 못 나간다니까? 난 여기서 평생을 혼자 있었어. 사람들이 들어오기 전까지 내가 가지고 놀 수 있던 장난감은 기껏해야 남들이 버린 쓰레기뿐이었단 말이야. 그러니까 나를 재미있게 해 줘. 여기서 죽을 때까지 나를 즐겁게 해 달라고."

어린아이처럼 떼쓰는 난쟁이의 말투는 세 아이를 더 무섭게 만들었다. 하지만 온누리는 포기하지 않고 난쟁이를 설득했다.

"네가 심심하다고 이렇게 사람을 가두는 건 옳지 않아. 그리고 곧 우리도 지겨워질걸? 우리는 노래도 춤도 진짜 진짜 못한단 말이야."

그 말에 천재인과 감성빈도 얼른 차례로 맞장구를 쳤다.

"맞아. 애는 완전 몸치고, 애는 엄청난 음치야. 노래를 들으면 도망가고 싶어질 거야."

"그리고 생각해 봐. 우리 셋이 배고프다, 졸리다, 머리 아프다, 이러면서 널 괴롭히면 어떻게 하려고. 우리도 약초를 먹여 재울 거야?"

난쟁이는 아이들이 저마다 하는 이야기를 들으며 조금씩 귀가 처지기 시작했다. 신이 나 있을 때에는 귀가 쫑긋 서고, 그렇지 않을 때에는 귀가 처지는 모양이었다.

"음……."

난쟁이는 축 처진 귀를 만지작거리며 심각하게 고민하기 시작했다.

"어떡하지? 어떡하지? 그냥 풀어 줄 수는 없는데. 그러면 난 또 심심해질 텐데."

한참 고민하던 난쟁이는 세 아이를 힐끔 쳐다보며 이렇게 말했다.

"좋아! 내가 심심하지 않게 움직이는 장난감을 만들어 줘. 그러면 풀어 줄지 말지 생각해 볼게."

그 말에 감성빈이 얼른 반발했다.

"움직이는 장난감? 장난감을 만들려면 재료가 있어야 하는데……."

"저기 구석에 쌓여 있는 거 많잖아. 저 속에서 쓸 만한 걸 찾아서 만들어 봐. 내가 심심하지 않을 정도로 재미있고 신기한 장난감이어야 해. 그렇지 않으면 너희는 여기에 계속 있어야 해."

아이들은 난쟁이가 가리키는 감옥 구석을 보았다. 그곳에는 종이, 철사, 나무토막, 널빤지 등 온갖 잡동사니가 잔뜩 쌓여 있었다. 아이들은 더욱 난감해졌다. 하지만 여기에서 나갈 방법은 난쟁이의 제안을 받아들이는 것뿐이었다. 감성빈은 온누리, 천재인과 눈빛을 주고받은 뒤, 난쟁이에게 다가갔다.

"대신, 확실하게 약속해 줘. 움직이는 장난감을 만들면 꼭 우리를 풀어 주기로. 알았지?"

그러자 난쟁이의 축 처진 귀가 다시 쫑긋 섰다.

"좋아, 약속할게!"

난쟁이는 쫑긋 선 귀를 팔랑거리며 폴짝폴짝 뛰어다녔다.

움직이는 장난감을 만들어라!

"움직이는 장난감이라, 뭐가 좋을까······."

감성빈은 감옥 안에 있는 잡동사니를 뒤지며 고민에 빠졌다.

"이건 못 쓰겠고, 이건 너무 크고······."

"감성빈, 이건 어때?"

온누리와 천재인도 쓸 만한 물건을 찾아보았지만, 감성빈의 마음에는 영 들지 않는 모양이었다.

"글쎄, 은박지로 뭘 만들 수 있을지 감이 안 온다."

"그럼 이 색종이는?"

"어, 그거 쓸 만한데? 이리 줘 봐."

온누리가 집어 온 그나마 상태가 양호한 색종이를 본 감성빈은 영감이 떠오른 듯, 빠르게 뭔가를 만들었다. 잠시 뒤, 감성빈이 완성한 것은 무지개 색의 바람개비였다.

"난쟁이야, 이것 좀 봐."

"뭔데? 뭔데?"

난쟁이가 커다란 눈을 데굴데굴 굴리며 다가오자, 감성빈이 입으로

바람을 불어 바람개비가 돌아가는 것을 보여 주었다. 그러자 난쟁이는 펄쩍펄쩍 뛰며 흥분했다.

"우아, 우아, 우아! 나도 해 볼래!"

난쟁이는 바람개비를 잡으려고 창살 안으로 손을 내밀었다. 하지만 감성빈은 쉽게 넘겨주지 않았다.

"마음에 들어? 그럼 문을 열어 줘."

그러자 난쟁이가 입술을 삐죽거리며 말했다.

"내가 갖고 놀아 봐야 재미있는지 알 수 있잖아. 재미있어야 문을 열어 주지."

"그럼, 내가 들고 있을 테니까 거기서 불어 봐."

"후, 후우~. 우아, 움직인다! 후~, 후~."

난쟁이는 바람개비가 돌아가는 모습에 신 나서 쉬지 않고 입으로 바람을 불었다. 그런데 잠시 뒤, 비틀거리며 창살을 붙잡는 것이 아닌가?

"어, 어지러워……."

얼굴이 파랗게 질린 난쟁이는 바닥에 주저앉고 말았다. 온누리, 천재인, 감성빈은 덜컥 걱정이 되었다. 온누리가 조심스레 물었다.

"난쟁이야, 괜찮아?"

"아니, 안 괜찮아. 그리고 그 장난감 싫어. 안 할래. 내가 계속 바람을 불어야 하니까 힘들어."

결국, 감성빈이 야심 차게 만든 첫 번째 장난감은 난쟁이에게 퇴짜를 맞고 말았다. 온누리는 무척 안타까워했다.

"처음엔 좋아했는데 아깝다. 우리가 대신 불어 줄 수도 없고."

감성빈이 다시 잡동사니를 뒤지며 말했다.

"괜찮아. 나한테 더 좋은 아이디어가 떠올랐어. 이번엔 바람개비보다 한 단계 업그레이드된 움직이는 장난감을 만들 거야."

"업그레이드된 장난감?"

"응. 그러니까 나 좀 도와줘. 천재인 너는 나무토막이랑 널빤지 같은 것을 있는 대로 다 모아 주고, 온누리 너는 묶는 데 쓸 수 있는 얇은 철사나 끈을 모아 줘."

세 아이는 잡동사니를 열심히 뒤져 재료를 모두 모았다. 감성빈이 모은 재료로 만든 장난감은 작은 물레방아였다. 난쟁이는 물레방아에 또다시 마음을 빼앗겼다.

"우아, 진짜 멋지다! 그런데 이건 어떻게 움직이는 거야?"

"물레방아를 움직이려면 물이 필요해. 컵에 물을 담아 와."

난쟁이는 얼른 뛰어가 물을 담은 컵을 가져왔다.

"물 가져왔어. 이제 어떻게 해?"

"봐. 물받이에 물을 계속 조금씩 붓는 거야. 그러면 물받이에 물이 가득 차면서 아래로 내려가지? 그다음에는 그 위에 있는 물받이에 물이 가득 차면서 아래로 내려가고……. 계속 물레방아가 돌아가지."

"나도 해 볼래! 나도!"

감성빈이 감옥 문 가까이 물레방아를 가져다주자, 난쟁이는 얼른 물레방아를 가져가더니 감성빈이 한 것처럼 컵의 물을 물받이에 부었다.

하지만 물이 금세 바닥나고 말았다.

"키키키키! 물 또 떠 와야지."

난쟁이는 계속 물을 떠 와서 물레방아에 부었다. 그러더니 이내 입술을 삐죽거리며 컵을 휙 던졌다.

"이것도 재미없어. 내가 계속 물을 떠 와야 해서 귀찮아!"

이렇게 물레방아도 퇴짜를 맞았다. 감성빈은 포기하지 않고 오뚝이와 바퀴 달린 자동차도 만들어 주었다. 하지만 이번에도 난쟁이는 잠시 갖고 놀다가 금방 싫증을 냈다.

"다 내가 계속 움직여 줘야 하잖아. 너무 귀찮아. 재미없어. 내가 가만히 있어도 안 멈추고 움직이는 장난감은 없어?"

난쟁이의 말에 감성빈은 머리를 감싸 쥐고 말았다.

"아우, 미치겠네. 장난감이 계속 스스로 움직이려면 쉬지 않고 공급되는 동력이 있어야 하는데, 여기서 어떻게 그런 동력을 구하냐고!"

온누리는 괴로워하는 감성빈을 다독이며 말했다.

"동력이 뭔데? 말만 해 봐. 우리가 찾아볼게."

"그건 불가능해. 동력은 물건이 아니라 힘이거든."

"힘?"

감성빈은 느릿느릿 일어나 잡동사니 더미로 향하며 설명했다.

"물레방아가 움직이려면 물의 힘인 수력이 있어야 해. 또, 바람개비가 돌려면 바람의 힘인 풍력이 있어야 하지. 이렇게 무언가를 움직이게 하는 힘이 '동력'이야. 그러니까 물체가 계속 움직이려면 동력이 끊임없이 공급되어야 해. 그런데 여기는 물레방아가 계속 움직이도록 흐르는 물도 없고, 바람개비가 계속 돌아가도록 끊임없이 부는 바람도 없어. 바퀴 달린 자동차도 마찬가지야. 이게 움직이려면 전기의 힘인 전력이 있어야 하는데, 전력도 없고. 어쩌지?"

그때, 마침 온누리가 잡동사니 더미에서 건전지를 발견하고는 밝은 목소리로 말했다.

"건전지로 움직이는 장난감 많잖아. 이걸로 어떻게 안 될까?"

감성빈은 잠시 얼굴이 밝아지는가 싶더니, 이내 한숨을 푹 내쉬었다.

"물론, 건전지도 동력이 될 수 있어. 장난감 로봇이나 자동차가 건전지로 움직이니까. 하지만 그런 장난감은 내가 만들 능력이 없어."

감성빈은 아쉬운 마음에 한참 건전지를 만지작거렸다. 그러다 문득 고개를 들어 천재인을 쳐다보며 물었다.

"천재인, 아이디어 없어? 넌 과학을 잘하잖아. 건전지를 동력으로 쓸 수 있는 것은 아무거나 상관없으니까 뭐든 만들 수 없어?"

그러자 천재인은 건전지를 보며 생각에 잠기더니, 고개를 들어 물었다.

"뭐든 계속 움직이게만 만들면 돼?"

"난쟁이는 자기가 힘을 쓰고 움직여야 하는 게 싫을 뿐, 아주 단순한 것도 좋아하더라고."

"그래? 그럼, 내가 할 수 있을 것 같아."

"정말? 정말이야?"

"응. 장난감은 모르겠지만, 전기로 움직이는 것은 만들 수 있어."

천재인의 말에 감성빈이 만세를 불렀다.

전자석으로 움직이는 장난감

"건전지는 있으니까, 여기에 에나멜선이랑 네오디뮴 자석, 구리판이 있으면 되는데……."

천재인을 돕겠다고 나선 감성빈과 온누리는 천재인이 말한 재료가 무엇인지 몰라 머뭇거렸다. 그러자 천재인이 두 아이에 맞추어 주문을 했다.

"금속으로 보이는 건 뭐든 찾아 줘. 그리고 전선 같은 것도. 나머지는 내가 알아서 할게."

"좋아! 그 정도는 우리도 할 수 있어."

감성빈이 기운차게 말했다. 세 아이는 엄청난 속도로 잡동사니를 뒤졌다. 그리고 눈 깜짝할 사이에 천재인이 필요로 하는 재료를 모두 찾아냈다.

"좋아! 이거면 되겠어."

감성빈은 재료를 손질하는 천재인을 보며 궁금한 점을 물었다.

"이 재료로 뭘 만들 건데?"

"간이 전동기."

"간이 전동기? 그게 뭐지?"

"'전동기'는 전기 에너지를 작업에 필요한 일로 바꾸는 기계야. 건전지로 움직이는 장난감 자동차나 장난감 로봇에 들어가는 조그만 모터 있지? 그게 전동기야."

아는 단어가 나오자 감성빈은 이해가 되었다는 듯 고개를 끄덕였다.

"아, 모터! 그렇게 말하니까 알겠어. 그런데 이 재료로 그런 모터를 만들 수 있다고?"

천재인은 에나멜선을 동그랗게 말면서 대답했다.

"물론이지. 아주 간단해. 너희, 철 가루에 자석을 가까이 갖다 대면 철 가루가 움직이면서 자석에 붙는 걸 본 적 있지? 그건 철로 된 물체와 자석이 서로 끌어당기는 힘 때문이야. 이런 자석의 힘은 가까이 갈수록 세지고 멀어질수록 약해지는데, 이처럼 자석 주위에서 자석의 힘이 작용하는 공간을 '자기장'이라고 해."

옆에서 듣던 온누리가 갸우뚱거리며 물었다.

"자기장이랑 건전지랑 무슨 관계인데?"

"자기장이 꼭 막대자석에만 있는 것이 아니거든. 내가 들고 있는 에나멜선에 전류를 흐르게 하면, 자석처럼 주변에 자기장이 생겨. 이렇게 전류가 흐를 때 자기장이 만들어지는 자석을 '전자석'이라고 하지. 참,

자석의 같은 극을 가까이 대면 어떻게 되는지 알지?"

감성빈이 천재인을 쳐다보며 답했다.

"서로 밀어내지 않나?"

"맞아. N극과 S극이 만나면 붙지만, N극에 N극을 가져가거나 S극에 S극을 가져가면 밀어내지. 전자석도 자석과 똑같기 때문에 전자석 주위에 자석을 가져가면 밀어내거나 달라붙어. 난 그 현상을 이용해서 스스로 돌아가는 전동기를 만들려는 거야."

온누리와 감성빈은 고개를 끄덕이긴 했지만, 여전히 알쏭달쏭한 표정을 지었다. 그사이, 천재인은 재빨리 손을 움직여 기다란 에나멜선을 고리 모양으로 동그랗게 말았다. 그리고 에나멜선이 풀리지 않게 다른 에나멜선으로 양쪽을 감고 길게 남게끔 잘라 낸 다음, 사포로 에나멜선의 일부를 문질러 겉면을 벗겨 냈다. 이어서 건전지의 양극에 구리판을 고정하고, 건전지의 몸통 가운데에는 네오디뮴 자석을 붙였다.

"자, 됐다! 이제 구리판 위에 에나멜선 고리를 올려놓으면 전류가 흘러 고리 주위에 자기장이 생길 거야. 다시 말해 전자석이 되는 거지. 그러면 바로 밑에 있는 네오디뮴 자석과 서로를 밀어내려고 할 거야. 그 밀어내는 힘 때문에……."

천재인이 구리판에 뚫은 구멍에 에나멜선을 끼우자, 조금씩 흔들거리며 움직이던 에나멜선 고리가 빠르게 돌아가기 시작했다.

"이렇게 빙글빙글 돌게 되지!"

감성빈과 온누리는 정말 신기해 눈을 떼지 못했다. 그건 난쟁이도 마찬가지였다.

"뭐야? 뭔데? 거기 그건 뭐야?"

난쟁이는 조금이라도 자세히 보려고 감옥 바깥에서 창살을 붙잡고 이리저리 몸을 흔들었다. 감성빈은 난쟁이가 간이 전동기를 보지 못하게 얼른 몸으로 가렸다.

"됐어! 난쟁이가 관심을 보였어. 하지만 이것만 가지고는 금방 질릴지도 모르니까, 이 간이 전동기를 좀 더 재미있게 꾸며야겠어."

감성빈은 얇고 튼튼한 종이를 가져와 에나멜선 고리의 지름에 맞추어 동그랗게 두 장을 잘랐다. 그리고 종이 두 장에 각각 무언가를 그린 뒤, 에나멜선 고리의 양면에 단단히 붙였다. 그 모습을 조용히 보던 천재인이 물었다.

"뭐 하는 거야?"

"아주 간단한 애니메이션이야. 종이 한 장에는 막 줄넘기를 넘으려고 뛰어오르는 모습이 그려져 있고, 다른 한 장에는 발이 땅에 닿아 있는 모습이 그려져 있어. 이 두 그림이 빠르게 돌아가면……."

감성빈이 구리판에 에나멜선 고리를 다시 끼우자, 에나멜선은 빠르게 돌아가기 시작했다. 그러자 사람이 줄넘기를 하는 것처럼 보이는 것이 아닌가?

"와, 멋지다!"

천재인은 자신이 만든 간이 전동기가 멋진 장난감으로 변신하자 매우 만족스러워했다. 그런데 그때, 아이들의 등 뒤에서 난쟁이의 환호

소리가 들렸다.

"우아아아! 내가 본 것 중에 가장 멋진 장난감이야. 내가 원하던 딱 그거야!"

어느새 난쟁이가 세 아이의 바로 뒤에 서 있었다. 궁금증을 참지 못하고 감옥 문을 열고 들어온 것이었다. 난쟁이는 장난감을 뚫어져라 쳐다보다가, 줄넘기하는 모습을 따라 하듯 폴짝폴짝 뛰기 시작했다. 장난감에 얼마나 푹 빠져 있던지, 세 아이가 시장의 손발에 묶인 밧줄을 풀고 감옥 밖으로 데리고 나가는데도 전혀 눈치채지 못할 정도였다.

세 아이는 잠이 덜 깨 해롱거리는 시장을 부축하고 멀리 보이는 빛을 향해 걸어갔다. 빛이 들어오는 좁은 입구를 힘겹게 빠져나오니, 성벽 앞에 있는 숲이 나왔다. 그때, 정신을 차린 시장이 고개를 들었다.

"여긴, 어디지? 너흰…… 누구냐?"

"시장님, 정신이 드세요? 여긴 성 밖이에요."

세 아이는 시장에게 그동안의 사정을 이야기하며 성문 쪽으로 걸어갔다. 그러자 시장의 모습을 본 시장 아들이 두 팔을 벌리며 뛰어왔다.

"아빠!"

시장과 아들은 부둥켜안고 기쁨의 눈물을 흘렸다. 그리고 두 사람의 모습이 흐릿해지며 주변 풍경이 빠르게 바뀌었다. 어느새 아이들은 시원한 물이 퐁퐁 솟는 오아시스 앞에 서 있었다.

주위를 두리번거리던 감성빈이 중얼거렸다.

"여긴 또 어디지?"

"저기 봐! 우리 말고 다른 참가자들도 있어."

천재인과 감성빈이 온누리가 가리킨 곳을 보니, 오아시스 주변으로 참가자들이 걸어오고 있었다. 30명의 참가자 전원이 모이자, 오아시스 위로 사회자의 모습이 나타났다.

"축하합니다. 열 팀 모두 1차 관문

을 무사히 통과했습니다. 이제 네 개의 미션을 해결한 종합 점수를 토대로 순위를 발표하겠습니다. 10위, 일본의 모모짱 팀. 9위, 멕시코의 헤니오스 팀……."

천재인, 온누리, 감성빈은 하위권에 자신들의 이름이 나오지 않자 안도의 한숨을 쉬었다. 그런데 상위권이 발표되는 순간, 세 아이는 자신의 귀를 의심했다.

"4위, 한국의 불사조 팀. 3위, 중국의 하오팡 팀. 2위, 독일의 블리츠 팀. 그리고 1위는 한국의 엄친아 팀입니다."

1위가 발표되는 순간, 세 아이는 왕공부와 눈이 마주쳤다. 그러자 왕공부가 매우 거만한 표정으로 웃는 것이 아닌가? 그 모습에 세 아이는 누가 먼저랄 것 없이 서로의 손을 꼭 잡았다. 천재인이 차분하면서도 진지한 목소리로 말했다.

"미션이 아직 열한 개나 남았어. 주입식 교육만 받은 저런 애들, 우리가 충분히 이길 수 있어."

세 아이는 이글거리는 눈빛으로 서로를 쳐다보았다. 그 시각, 세 아이의 모습을 텔레비전으로 본 천재주도 몸을 부르르 떨며 말했다.

"그래, 불사조 팀이니까 꼭 역전할 거야. 언니, 오빠들, 힘내!"

천재주와 친구들은 엄청난 기운을 뿜어내며 텔레비전을 향해 파이팅을 외쳤다. 그때, 이상한 장면이 눈에 들어왔다. 화면 속 참가자들의 모습이 심하게 일그러지는 것이 아닌가?

"화면이 왜 저러지?"

 천재주와 친구들은 잘못 보았나 싶어 텔레비전 앞으로 다가갔다. 그런데 일그러진 그 부분에서 한 남자가 쑥 나타났다. 매우 심각한 표정의 남자는 몇 초 동안 참가자들을 살펴보더니 곧 사라지고 말았다. 천재주와 친구들은 휘둥그레진 눈으로 서로를 쳐다보았다.
 "너 방금 그거 봤어?"
 "어. 뭐지?"
 하지만 화면은 곧 정상으로 돌아왔다. 서현이와 윤정이는 다시 불사조 팀의 모습을 찾는 데 집중했다. 그러나 천재주는 조금 신경이 쓰였다.
 "윤정아, 서현아. 방금 텔레비전에 나타났다가 사라진 아저씨, 어디서 본 것 같지 않아?"
 "글쎄, 잘 모르겠는데? 왜?"

"잘못 봤나? 흠……."

천재주는 어딘지 낯익은 남자의 모습이 잠깐 신경 쓰였지만, 금방 잊고 말았다. 그리고 친구들과 함께 앞으로 나올 미션에 대해 수다를 떨기 시작했다. 자신이 본 그 장면이 앞으로 어떤 회오리바람을 몰고 올지 까맣게 모른 채.

요건 몰랐지?

외르스테드의 위대한 발견

1820년, 덴마크의 물리학자인 외르스테드는 철사에 전류를 흘려보내는 실험을 하고 있었어. 그런데 갑자기 책상에 놓여 있던 나침반의 바늘이 움직이는 것이 아니겠어? 나침반의 바늘은 남북 방향을 가리키면서 철사 옆에 나란히 놓여 있었는데, 전류가 흐르자 바늘이 90도를 휙 돌더니 계속 그 방향을 가리킨 거야. 깜짝 놀란 외르스테드는 혹시나 하는 마음에 철사에 흐르는 전류의 방향을 반대로 바꾸어 보았지. 그랬더니 나침반의 바늘이 곧장 돌아 반대 방향을 가리켰어. 이에 외르스테드는 전선을 통해 흐르는 전류가 자기장을 만든다는 사실을 알아냈지. 그의 발견 덕분에 전자석이 탄생했고, 오늘날 우리 주변에 있는 수많은 전자 제품이 만들어질 수 있었어. 과학자들은 외르스테드의 업적을 기리기 위해 자기장 세기의 단위를 그의 이름을 따서 '에르스텟(Oe)'으로 정했대.

핵심 콕콕 미술 움직이는 장난감 만들기

만들기와 디자인

우리가 무언가를 만들 때에 꼭 필요한 것 중 하나는 디자인이야. '디자인'이란 우리가 사용할 목적에 따라 제품의 모양, 색, 장식 등을 계획하고 만드는 것을 말해. 방에 있는 책상과 의자, 필통과 연필, 장난감 등이 모두 색상과 크기, 용도에 맞춰 디자인된 제품들이야.

디자인을 할 때에는 다양한 요소를 생각해야 해. 먼저, 만들 물건을 어디에 쓸지 생각해야 해. 그리고 쓰기에 편리한지, 보기에 좋은지, 남다른 독창성이 있는지도 고민해야 하지. 또, 만드는 데 드는 돈도 생각해야 해.

움직이는 장난감 만들기

그럼, 디자인을 생각하면서 우리가 재미있게 가지고 놀 수 있는 움직이는 장난감을 만들어 볼까? 먼저, 주변에서 흔히 볼 수 있는 '움직이는 것'을 살펴봐. 그리고 그것이 어떤 힘으로 움직이는지 동력을 알아내면 도움이 되지. '동력'이란 무언가를 움직이게 하는 힘을 말해. 연, 바람개비, 풍차의 동력은 바람의 힘인 풍력이야. 물레방아나 돛단배 등의 동력은 물의 힘

인 수력이고, 건전지로 움직이는 장난감 로봇의 동력은 전기의 힘이지.

 이처럼 동력에 대해 조사가 끝나면 어떤 동력으로 어떤 장난감을 만들지 디자인해 봐. 풍력을 이용해서 연을 만들 생각이라면 바람을 잘 받을 수 있도록 연의 모양을 디자인해야 해. 수력을 이용해서 종이배를 만들려면 물에 잘 뜨는 재료를 골라 물에 뜰 수 있는 모양으로 디자인하는 것이 중요하겠지? 이렇게 디자인의 큰 방향이 정해졌으면, 그다음에는 색깔과 크기, 장식 등을 고민해서 직접 만들어 봐. 그러면 예쁘고 멋진, 나만의 움직이는 장난감이 탄생할 거야!

전자석

전기와 자기장

막대자석 주위에 철로 된 물체를 놓으면 자석 쪽으로 끌려가지? 막대자석 주위에 철 가루를 뿌리면 철 가루가 자석을 감싸듯이 서로 이어져서 늘어서는 것을 볼 수 있어. 또, 막대자석 주위에 나침반을 두면 나침반의 바늘이 움직여 일정한 방향을 가리키는 것을 볼 수 있지. 이렇게 자석 주위에서 자석의 힘이 작용하는 공간을 '자기장'이라고 해.

그런데 전류가 흐르는 전선 옆에 나침반을 두면 마치 자석을 둔 것처럼 나침반의 바늘이 움직이는 것을 볼 수 있어. 그 이유는 전류가 흐르는 전선 주변에 자기장이 생겼기 때문이야. 전류의 방향을 반대로 바꾸면 자기장의 방향이 바뀌어 나침반의 바늘이 반대 방향으로 움직이지. 이처럼 전선에 전류가 흐를 때 전선 주위에 자기장이 생기는 원리를 이용해 만든 것이 바로 전자석이야.

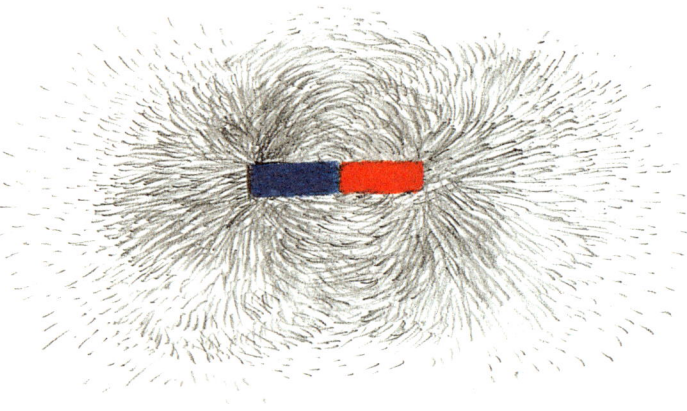

전자석

'전자석'은 전류가 흐를 때 자기장이 만들어지는 자석을 말해. 막대자석이나 원형 자석처럼 늘 자기장이 만들어지는 자석은 '영구 자석'이라고 하지. 전자석은 보통 원통 모양으로 감은 에나멜선에 철심을 넣어서 만들어.

그럼, 전자석의 성질을 정리해 볼까? 전자석은 전류가 흐를 때에만 자석의 성질을 가져. 그리고 전류의 방향이 바뀌면 극이 바뀌지. 게다가 전자석은 자기장의 세기를 마음대로 바꿀 수 있어. 전자석은 전류가 세게 흐를수록 세지고, 에나멜선을 많이 감을수록 세져. 그래서 전자석은 가전제품부터 1톤 이상의 무거운 재료를 들어 올리는 기중기에까지 널리 이용되고 있지. 또한 전류가 흐르는 전자석을 영구 자석 주위에 놓으면 빙글빙글 돌아. 이를 이용해서 전기 에너지를 일로 바꾸는 장치인 전동기도 만들 수 있어. 전동기는 냉장고, 컴퓨터, 자동차, 면도기 등 거의 모든 전기 제품과 기계에 이용되는, 없어서는 안 될 기계야. 그러니 전자석은 정말 우리 생활에 없어서는 안 될 중요한 자석이지!

찾아보기

ㄱ
개표 39

ㄴ
난반사 41

ㄷ
단오 100
달 93, 95, 102
동력 120, 132
디자인 132

ㄹ
로드 마스터 69

ㅁ
메소포타미아 인 99
명절 100
무게 72
무게 중심 62, 72

ㅂ
반투명 40
받침점 62, 72
보름달 95

불투명 40
빛의 반사 28, 41
빛의 통과 28, 40

ㅅ
삭 95
삼바 70
선거 32, 38
선거 관리 위원회 34, 38
선거의 4원칙 39
설 100
수묵 담채화 88
씨름 56, 70
씨름의 기술 71

ㅇ
영구 자석 135
외르스테드 131
움직이는 장난감 만들기 132
음력 96, 99, 103

ㅈ
자기장 122, 134
전동기 122, 135

전자석 122, 135
정반사 41
정월 대보름 90, 100
중추절 90, 101
중투 91, 101

ㅊ
추석 90, 101
추수 감사절 101

ㅌ
투명 37, 40
투표 33, 39

ㅍ
피사의 사탑 73